CORRUPÇÃO DA LINGUAGEM, CORRUPÇÃO DO CARÁTER

NINE BORGES **PATRÍCIA SILVA**

CORRUPÇÃO DA LINGUAGEM, CORRUPÇÃO DO CARÁTER

COMO O ATIVISMO *WOKE* ESTÁ DESTRUINDO O OCIDENTE

COPYRIGHT © FARO EDITORIAL, 2024
Todos os direitos reservados.

Avis Rara é um selo da Faro Editorial.

Nenhuma parte deste livro pode ser reproduzida sob quaisquer meios existentes sem autorização por escrito do editor.

Diretor editorial **PEDRO ALMEIDA**
Coordenação editorial **CARLA SACRATO**
Assistente editorial **LETÍCIA CANEVER**
Preparação **PEDRO HENRIQUE ALVES E TUCA FARIA**
Revisão **THAÍS ENTRIEL**
Imagem de capa **FARO EDITORIAL**

Dados Internacionais de Catalogação na Publicação (CIP)
Jéssica de Oliveira Molinari CRB-8/9852

Borges, Nine
 Corrupção da linguagem, corrupção do caráter : como o ativismo Woke está destruindo o ocidente / Nine Borges, Patrícia Silva. — São Paulo : Faro Editorial, 2024.
 160 p.

 Bibliografia
 ISBN 978-65-5957-518-3

 1. Ciências sociais 2. Justiça social 3. Justiça racial 4. Ativismo social I. Título II. Silva, Patrícia

24-1338   CDD 300

Índice para catálogo sistemático:
1. Ciências sociais

1ª edição brasileira: 2024
Direitos de edição em língua portuguesa, para o Brasil, adquiridos por FARO EDITORIAL

Avenida Andrômeda, 885 — Sala 310
Alphaville — Barueri — SP — Brasil
CEP: 06473-000
www.faroeditorial.com.br

SUMÁRIO

APRESENTAÇÃO 7

1. O QUE É ATIVISMO *WOKE*? 13
   Origem. 13
   Como o significado do termo *woke* evoluiu (ou involuiu?) 15
   Raízes filosóficas do pensamento woke 17
   Quem é a Geração "Floco de Neve" e como ela se tornou *woke* 27

2. PRINCÍPIOS E MECANISMOS DE OPERAÇÃO DO ATIVISMO *WOKE* .. 36
   Corrupção da Democracia 41
   Corrupção da Linguagem. 52
   Corrupção da Ciência 63
   Corrupção do Caráter 86

3. A INFILTRAÇÃO DAS IDEIAS *WOKE* EM DIFERENTES MOVIMENTOS
   SOCIAIS: CORRUPÇÃO E PERVERSÃO. 98
   Movimento Negro 102
   Feminismo 107
   Transativismo 112
   Veganismo 121

4. TEORIA *VERSUS* ATIVISMO: É POSSÍVEL ENCAPSULAR
O WOKEÍSMO? 127

Justiça Social Crítica, ou pensamento *woke*, é de esquerda
ou de direita? 127

A urgência de pensarmos para além de esquerda e direita:
qual a batalha que importa? 132

Como a intelectualidade de esquerda e de direita reage
ao ativismo *woke* 136

O acolhimento dos cancelados pelo ativismo *woke* —
caminhos para enfrentamento 144

REFERÊNCIAS BIBLIOGRÁFICAS 149
NOTAS 154

APRESENTAÇÃO

Na sua citadíssima undécima tese sobre Feuerbach, Marx concitou a filosofia a mudar o mundo em vez de limitar-se a interpretá-lo. O problema do marxismo pós-Marx é que, historicamente, ele seguiu à risca a prescrição: sem dúvida nenhuma, alterou a face do mundo moderno (...)
(José Guilherme Merquior, em O marxismo ocidental, p. 12)

Alguns podem não saber, mas nós possuímos blogs na internet, que contam, juntos, com mais de 220 mil seguidores. Com a pandemia do coronavírus, o mundo mudou e nós também: passamos a produzir conteúdo sobre temas sociais importantes como racismo, transgenderismo, feminismo e ideologia de gênero.

Em nossa temporada como produtoras de conteúdo digital, críticas não faltaram (infelizmente, isso é até positivo, pois críticas, na nossa bolha digital, sinalizam relevância). Todo mundo que tenha pisado no ambiente acadêmico está acostumado com críticas. A novidade, para nós, está sendo a crítica que aponta algum grau de superioridade moral daquele que critica em relação ao criticado. O crítico não apenas apresenta seu ponto de vista divergente; ele anseia demonstrar quão moralmente superior ele é. O seu posicionamento contrário, aos olhos do crítico, não é apenas divergente, é ultrajante. Seja ele qual for.

O crítico tem um trabalho árduo: escreve uma longa réplica com platitudes e notas apelativas; por vezes, há uma oração que sintetiza o argumento central. Mas isso não é importante; o que importa é mostrar quão horrorizado ele está com a opinião do outro. E essa sinalização de horror (ou virtude?) vem acompanhada de palavras-chave que garantem algum tom de intelectualidade ao discurso.

Em *The Vision of the Anointed; self-congratulation as a Basis for Social Policy,* Thomas Sowell expõe, com maestria, o fenômeno da superioridade moral de pessoas com determinadas posições ideológicas. Ele chama essas pessoas de *ungidos*. Os ungidos são membros da elite política e intelectual, cujo pensamento entranhou-se na mídia e na academia, de maneira que a maioria das pessoas nem sequer considera que há outras formas de pensar. Sowell (1995) classificou aqueles que discordam dos ungidos como "ignorantes" (*benighted*). De modo geral, pode-se dizer que os ungidos são aqueles situados à esquerda do espectro político; os "ignorantes" somos todos nós (centro, direita, sem alinhamento político etc.).

Segundo Sowell, para as pessoas influenciadas pela visão dos ungidos, "(...) aquilo que discorda da visão predominante não é visto apenas como erro, mas como pecado."[1] Anamaria Camargo[2], em seu texto sobre Sowell, mostra-nos que os ungidos não se veem apenas como factualmente corretos, mas estão em um plano moral mais elevado. Como os ungidos carecem de evidências empíricas que sustentem suas posições, utilizam duas estratégias habituais: 1) demonizar o oponente; e 2) desenvolver um vocabulário próprio para esconder sua fragilidade argumentativa. É por esse motivo que vemos o recorrente uso das mesmas palavras: iniquidade, crise, decolonialidade, afrocentrismo, eurocentrismo, supremacismo, Ocidente, branquitude, patriarcado, mãe solo etc. Como bem disse Madeleine Lacsko em seu livro *Cancelando o Cancelamento*[3], é preciso que os membros da seita se reconheçam.

Este livro introdutório é dedicado ao público geral, e não apenas aos acadêmicos. Esperamos que, de forma simples, possamos esquadrinhar o pensamento *woke* e suas estratégias perversas, entre as quais se encontra a demonização do oponente. Ou melhor, a extrapolação do que seria o ato de demonizar o adversário. Sim, caro leitor, há uma categoria de ungidos — e aqui estamos nos permitindo fazer uma livre ampliação do pensamento de Sowell — que não se contentam apenas em demonizar. Eles precisam difamar, boicotar e cancelar o discordante. A opinião divergente evoluiu de pecado para crime. A essa categoria de ungidos, podemos dar o nome de **ativistas woke**.

Neste livro, abordaremos as diferentes formas pelas quais o pensamento *woke* está corrompendo o Ocidente com sua abordagem antidemocrática e anti-intelectual. Mostraremos que embora as raízes filosóficas desse pensamento tenham inspirações neomarxistas e pós-modernistas (casamento improvável que discutiremos extensivamente), o ativismo das ruas e das redes sociais não parece muito preocupado em se aprofundar teoricamente nas correntes que os inspira, o que resulta em um ativismo inculto, incoerente e raivoso.

A palavra **woke**, que significa "acordado" ou "consciente", em inglês, começou a ser utilizada na luta contra o racismo nos Estados Unidos, e não existe uma linha reta entre quando o termo surgiu, 100 anos atrás, e o seu significado hoje. O significado político do termo mudou, e passou a incorporar elementos de igualdade, equidade, justiça social e inclusão, sobretudo como insígnia para a política progressista sobre gênero, com foco especial no transativismo.

Para boa parte dos jovens alinhados à esquerda do espectro político, ser classificado como *woke* constitui uma honra distintiva, pois significa "lutar pelas mais variadas causas sociais e combater os adversários, reais e imaginários, de forma coercitiva e autoritária"; já para os indivíduos alinhados à direita — e até alguns progressistas mais ortodoxos, como os marxistas —, ser chamado de *woke* é, definitivamente, um insulto. Em verdade, os direitistas utilizam o termo *woke* de forma pejorativa para lançar críticas à cultura progressista.

O que observamos é que, embora tenha raízes no ativismo racial, com especial projeção em torno dos acontecimentos contra a brutalidade policial e a morte de Michael Brown em 2014, nos Estados Unidos, a lente de interpretação *woke* se infiltrou nas principais pautas sociais que conhecemos hoje. Como cultura, língua e poder estão conectados, os princípios *woke* se infiltraram nessas pautas e foram ressignificados para o que hoje conhecemos como progressismo, no qual relativismo, fluidez e subjetivismo são o alicerce das ideias.

O progressismo se apropriou das pautas relacionadas a injustiças sociais e raciais muito reais, e determinou que era imperativo lutar a favor delas, custasse o que custasse. O fim justificaria os meios, mesmo que os princípios democráticos, e a obliteração de grupos percebidos como menos oprimidos na escala de sofrimento social, sirvam como sacrifício ideológico para uma causa maior. A ação *woke* está respaldada na premissa de que todos os aspectos e âmbitos da vida devem ser politizados[4].

Em outras palavras, para algumas pessoas, ser *woke* é ter consciência social e racial, questionar paradigmas e normas historicamente opressoras que foram impostas pela sociedade e resolver todas as contradições da humanidade. Wilson Gomes[5], professor da Universidade Federal da Bahia, elabora uma definição para política identitária que também se enquadra na definição para ativismo *woke*, conforme nossa perspectiva: um estilo de militância de base, organizada em torno de uma identidade coletiva de um grupo cujos membros se considerem estigmatizados ou oprimidos pelo resto da sociedade, que coloca a beligerância como método político.

Já para outras pessoas, o termo descreve sujeitos dissimulados que acreditam que são moralmente superiores (os ungidos!) e querem impor suas ideias progressistas sobre os demais de maneira absurdamente coercitiva.

O livro está organizado da seguinte forma:

APRESENTAÇÃO

- *Capítulo 1 — O que é ativismo* **woke**? Neste capítulo, apresentamos a origem histórica do termo *woke*, as raízes filosóficas que inspiram esse pensamento, e como o *wokeísmo* se tornou tão atrativo para a Geração "Floco de Neve";
- *Capítulo 2 — Princípios e mecanismos de operação do ativismo* **woke**. Mostramos como diferentes formas de corrupção orientam a prática desse ativismo.
- *Capítulo 3 — A infiltração das ideias* **woke** *em diferentes movimentos sociais.* Aqui apresentamos como o ativismo *woke*, ao penetrar pautas sociais variadas, impõe a adoção da sua própria cartilha, com a exigência de que as suas premissas sejam validadas como corretas;
- *Capítulo 4 — Teoria versus ativismo: é possível encapsular o wokeísmo?* Neste capítulo final, discutimos por que é tão difícil encapsular esse pensamento, e propomos a urgência de pensarmos para além de esquerda e direita, e de identificarmos a batalha que realmente importa: a defesa dos valores democráticos ocidentais. Além disso, tratamos das reações ao ativismo *woke*, que podem ser localizadas tanto entre conservadores quanto entre marxistas.

Na sanha de fazer do mundo um lugar confortável sem ofensas (o que é uma meta irrealista pois o mundo é cheio de divergências prontas para virarem conflitos), o ativismo *woke* da geração floco de neve é politicamente ativo, cientificamente imaturo, intelectualmente prejudicado e emocionalmente frágil. Muito diferente da postura de clássicos defensores das minorias como os Panteras Negras, Malcom X, Martin Luther King e do movimento gay pelos direitos civis dos anos 1970, os ativistas *woke* se ofendem com muitíssima facilidade e costumam choramingar os agravos pretéritos e presentes, especialmente, on-line.

A ortodoxia do ativismo *woke* tornou-se tão sofisticada que permite que os ativistas tornem seus pontos de vista ideológicos como inatacáveis, uma vez que, supostamente, esses pontos de vista representam a experiência de todo o grupo identitário ao qual pertencem. Desse modo, qualquer crítica pode ser enquadrada como um ataque ao grupo. O professor do King's College Peter Kreeft, em sua obra *Como destruir a civilização ocidental*, descreve a lógica do progressismo em 90 pontos; um desses se destaca por expressar a autopercepção do ativista *woke*, a saber: "Nós somos tão abertos, tolerantes e sem preconceitos que, se você discorda da gente, deve ser bem mente-fechada, intolerante e preconceituoso. Inclusive, seu corte de cabelo é bem ridículo."[6]

Este livro representa um pequeno esforço para contribuir com a elucidação de comportamentos políticos vistos, especialmente, nas redes sociais, que se distanciam cada vez mais de uma orientação democrática e republicana e rejeitam valores basilares do Ocidente como a igualdade, a liberdade e a razão.

CAPÍTULO 1

O QUE É ATIVISMO *WOKE*?

"Se você estiver acordado, entenderá".
(William Melvin Kelley, romancista, em artigo publicado no The New York Times em 1962).

"Os certificados de bom-mocismo são como as meias, a moda agora é andar mostrando. Até os racistas hoje se vendem como antirracistas, iguais a todo mundo."
(Philippe Muray, em O Império do Bem, p.22)

Outrora uma palavra de ordem para os afro-americanos no início dos anos 1900, *woke* agora é usada como um insulto em parte do espectro político. Este capítulo pretende apresentar, de forma breve, a origem do termo e a evolução de seu significado ao longo do tempo. Apresentaremos, ainda, um perfil demográfico dos ativistas *woke*.

ORIGEM

Em 1938, o cantor de *blues* Huddie Ledbetter (também conhecido como Lead Belly) alertou para que os negros devessem permanecer *woke* em Scottsboro, estado americano do Alabama, palco de um famoso julgamento envolvendo nove jovens negros que foram acusados injustamente de estuprar duas mulheres brancas. O alerta foi feito através de sua icônica canção *The Scottsboro Boys*, na qual ele escreveu para as pessoas negras: melhor ficarem acordadas, manterem seus olhos abertos[1].

Em 20 de maio de 1962, o novelista William Melvin Kelley publicou no *The New York Times* um artigo intitulado *If You're Woke You Dig It*[2] ("Se você estiver acordado, entenderá", em tradução livre). Segundo o jornalista da BBC Matthew Syed[3], o artigo de Kelley foi a primeira manifestação escrita da palavra *woke* no significado próximo ao contemporâneo*. Em 2014, o *Oxford English Dictionary*[4] creditou Kelley por cunhar o termo político *"woke"*.

Kelley escreveu romances provocativos que mostravam a rejeição das ordens sociais dominantes, ao mesmo tempo em que escrevia ensaios incisivos extraídos de sua experiência como homem negro nos centros de poder. Em *The Ivy League Negro*[5], que apareceu na revista *Esquire*, em 1963, ele comentou sobre homens afro-americanos que, assim como ele, eram matriculados em universidades de elite.

O termo *woke*, portanto, nasceu com a ideia de tornar o "acordar" uma metáfora central para o movimento pela igualdade racial nos Estados Unidos. Originalmente, ele queria dizer "estar alerta para a injustiça racial". Escrevendo sobre gírias negras, Kelley definiu a palavra *woke* como alguém "bem-informado, atualizado, alerta". Pessoas negras usaram esse termo em referência ao racismo e outros assuntos por décadas, mas a palavra só se popularizou muito mais tarde.

---

* A palavra *woke* também é utilizada como verbo na língua inglesa. Significa o passado de *wake* (acordar). O pioneirismo de Kelley está no uso da palavra como adjetivo.

COMO O SIGNIFICADO DO TERMO *WOKE* EVOLUIU (OU INVOLUIU?)

O termo ressurgiu na última década com o movimento Black Lives Matter, criado para denunciar a brutalidade policial contra pessoas negras nos Estados Unidos. A hashtag #staywoke se tornou uma frase de efeito do movimento, quando este, em 2014, chamou a atenção global durante os protestos antirracistas após o assassinato de Michael Brown, um adolescente negro.

Contudo, após o ressurgimento com o Black Lives Matter, o uso do termo *woke* se espalhou para além da comunidade negra e passou a ser empregado com sentido muito mais amplo.

Uma reportagem do *The Economist*, publicada em 30 de julho de 2021, mostra como o termo *woke* ganhou significados distintos do original. À medida que a palavra se espalhou na cultura da internet, graças em parte à popular hashtag #stay*woke*, passou a significar uma visão progressista sobre uma série de questões.

O artigo de William Kelley tinha um tom satírico para traçar o progresso da gíria negra dentro das comunidades brancas. O irônico é que o artigo se mostrou profético sobre o destino da própria palavra "*woke*" hoje em dia:

> [o termo *woke*] é usado com mais frequência para descrever pessoas brancas ativas nas redes sociais do que por ativistas negros, que criticaram o performativo *woke* por estar mais preocupado com a popularidade na internet do que com a mudança sistêmica.[6]

Num artigo intitulado *Stop Doing the Work*, publicado na revista *Compact*, Ben Hickman exibe as conotações contemporâneas para o vocábulo *woke*. Usando a palavra trabalho como metáfora (ou ironia) para ativismo, Hickman expõe como o ativismo *woke* funciona atualmente. Para Hickman, a poeta e escritora feminista Audre Lorde é o grande ícone da cultura *woke*: "Os usuários do Twitter, incluindo líderes políticos e empresariais, gritam por ela a cada 10 minutos."

Audre Lorde foi uma feminista negra americana, ou, como ela gostava de se apresentar: "Negra, lésbica, feminista, guerreira, poetisa, mãe fazendo meu trabalho." Ela pode ser entendida como a "madrinha da interseccionalidade" graças à sua insistência a respeito das diferentes opressões que podem recair sobre as mulheres.

Acadêmicos, lideranças e ativistas progressistas fazem referência ao trabalho de Lorde com constância. Se o Twitter for um indicador legítimo, Hickman terá razão: podemos dizer que Audre Lorde virou um ícone millennial... entre os ativistas *woke*! Expressões como "autocuidado radical", "cadinhos da diferença", "sobrevivência não é uma habilidade acadêmica", "não há hierarquia de opressões" e "ensinar é uma técnica de sobrevivência" são provenientes dos textos de Audre Lorde, e são vistas com frequência nos discursos da nossa *intelligentsia* e do ativismo *woke*. Aqueles que são mais próximos do conservadorismo podem receber com estranheza e sinal de hiperfragilidade a ideia de autocuidado como política radical. Mas, como explica Hickman, na perspectiva do pensamento de Lorde, expressões pejorativas como "floco de neve" perdem o sentido em tal política. Esse não é um discurso de hipersensibilidade, mas de pragmatismo obstinado[7].

Audre Lorde foi uma das primeiras ativistas a dominar a arte de praticar política como marca de um domínio de capital cultural a ser exibido às instituições. Em uma apresentação realizada em 1981, ela disse que sua reação ao racismo era a raiva[8].

Em 1979, Audre Lorde concedeu seu mais famoso discurso intitulado "As ferramentas do senhor nunca derrubarão a casa grande". Ela considerava uma demonstração de arrogância discutir teoria feminista sem "uma contribuição significativa de mulheres pobres, de mulheres negras e do Terceiro Mundo, e de lésbicas"[9].

Qualquer semelhança com a atualidade não é mera coincidência... A grande sacada de Audre Lorde foi fazer exatamente o que ela dizia querer superar: **falar inteiramente dentro da academia para a academia, enquanto fazia parecer que ela era contra e fora dela.**

Os textos de Lorde são excessivamente prolixos e, ao mesmo tempo que possuem muitas palavras, não informam muita coisa. Essa ausência de conteúdo objetivo pode nos ajudar a compreender o autoritarismo visto entre os ativistas *woke*.

Assim como Lorde, o ativista *woke* trata a política com doses de heroísmo trágico pessoal. O dicionário Merriam-Webster[10] apresenta o significado do termo *woke* no sentido de reprovação que, a nosso ver, define, com perfeição, o que é o ativista *woke*: "Politicamente progressista (como em questões de justiça racial e social), especialmente de uma forma que é considerada irracional ou extrema." A palavra *woke* perdeu, então, seu sentido inicial; passou a ser dirigida àqueles que possuem uma ideologia intolerante e moralizante, que não renuncia a medidas autoritárias e coercitivas.

RAÍZES FILOSÓFICAS DO PENSAMENTO *WOKE*

O que hoje conhecemos como pensamento *woke*, nasceu de algumas teorias ou escolas de pensamento que nem sempre se complementam.

As raízes filosóficas desse pensamento aglutinam ideias neomarxistas e pós-modernistas, casamento que à primeira vista pode causar certo estranhamento ao leitor, mas ao longo deste livro, demonstraremos como e por que elas foram agrupadas, e sintetizadas no que hoje conhecemos como Justiça Social Crítica ou pensamento/ideologia *woke*.

O pós-modernismo foi crítico do marxismo, sobretudo daquilo que chamou de metanarrativas ou explicações universalizantes da sociedade. Para alguns, essa seria uma divergência teórica inconciliável, logo, como podemos dizer que o pensamento *woke* agrega essas duas correntes de pensamento?

As ideias introduzidas aqui serão melhor desenvolvidas no subtópico "corrupção da ciência", quando as principais características dessas teorias serão exploradas, bem como as divergências teóricas entre elas, e o impacto que elas exerceram sobre o modo de pensar e produzir ciência, mas consideramos importante introduzir aqui os primeiros conceitos que dão forma e alma à ideologia *woke*.

Primeiro, vamos definir o que é neomarxismo. Em busca de compreender os porquês do marxismo clássico não ter engatado no Ocidente, pesquisadores dissidentes do regime nazista ressignificaram o marxismo, naquilo que passou a ser reconhecido (não por consenso, há disputas e discordâncias complexas entre grupos) como neomarxismo ou marxismo cultural, fruto do trabalho intelectual da Escola de Frankfurt.

Pesquisadores baseados na Universidade de Goethe, em Frankfurt, na Alemanha, foram forçados a fechar o Instituto em que trabalhavam devido à tomada nazista em 1933, e transferi-lo para a Universidade de Colúmbia, nos Estados Unidos, onde essas ideias se espalharam como fogo em palha, instituindo o que ficou conhecido como Escola de Frankfurt, ou, Teoria Crítica.

Embora reconhecida como uma teoria neomarxista, a Teoria Crítica desaprovava de forma explícita a ênfase econômica das explicações do marxismo clássico, o que para alguns estudiosos, já seria uma distinção que tornaria as duas teorias incompatíveis.

Por outro lado, a Teoria Crítica adota a proposição geral do marxismo clássico, substituindo conceitos como poder econômico, materialismo e conflito de classes por ideologia e política de identidade.

Enquanto para Marx, haveria um sistema de produção econômica paralelo a um sistema ideológico, para a Teoria Crítica, ideologia seria uma forma de expressão da racionalidade humana, que não poderia ser reduzida a aspectos econômicos, e seria função da Teoria Crítica avaliar (criticar) o poder de racionalidade dos sistemas de dominação social e desacreditar as suas premissas injustas.

Ambos visam derrubar as classes dominantes e fazer uma transformação social via revolução. Justiça Social Crítica, que é o alicerce do pensamento *woke*, aflora em parte da Teoria Crítica, como o próprio nome sugere. Não está sendo dito aqui que pessoas *woke* são marxistas, e sim, que uma das raízes filosóficas do pensamento *woke* advém do neomarxismo. A fusão do neomarxismo e do pós-modernismo resultou em um nova escola de pensamento chamada Justiça Social Crítica, cujo objetivo é o alcance da justiça social via políticas de identidades.

Assim, o marxismo clássico desenvolveu a teoria do conflito entre classes, com ênfase na estrutura de poder econômico existente. Sem muito sucesso no Ocidente, neomarxistas buscam preencher essa lacuna e expandem a estrutura de poder e opressão para aspectos além dos econômicos, passando a incluir ideologia, cultura e identidades. Para ambas as correntes, havia uma ambição e uma esperança, o desejo por transformação através da revolução. Enquanto para os marxistas, a revolução se daria via tomada dos meios de produção econômica, para os neomarxistas, os meios culturais passam a ser o elemento balizador dessa revolução, via educação, via meios de comunicação, via arte, via fé etc.

Emergem desse ambiente discussões sobre cultura de elite e cultura popular, que passam a ser vistas como mercadoria, em um modelo semelhante ao marxismo clássico. Nesse contexto, cria-se uma espécie de hierarquia cultural, na qual a cultura de elite seria considerada hegemonicamente superior. A revolução cultural aconteceria quando as massas abandonassem o estado de lavagem cerebral em que se encontram, e passassem a odiar as suas vidas, e isso criaria as condições ideais para que elas se rebelassem. Porém, essa ideia de revolução parece arrogante e condescendente porque pressupõe que os teóricos saibam o que as massas desejam, e o que é apropriado para elas.

Logo, para os neomarxistas, a revolução se daria a partir da mudança cultural e ideológica, e é nessa dinâmica que os pós-modernistas entram em cena, bem como pedagogos críticos, como Paulo Freire, por exemplo.

Os pós-modernistas não compartilham do mesmo otimismo por transformação, eles concluem que não há esperança, nada tem significado, nada é verdade, portanto, seria preciso trazer tudo abaixo, e começar do zero. Enquanto os marxistas e neomarxistas desejam o conflito com vistas a instaurar a revolução, pós-modernistas seriam muito pessimistas para lutar. Logo, ignoram qualquer proposta de revolução, e optam pela dissolução de tudo que se conhece.

Enquanto os marxistas enfatizam a estrutura de poder econômico, e os neomarxistas focam na estrutura de poder cultural e ideológico, os pós-modernistas e pós-estruturalistas, como o nome do último sugere, abandonam a ideia de estrutura e frisam em conceitos como poder, conhecimento e linguagem, que existiriam fora de estruturas. Para eles, tais conceitos existiriam o tempo todo irradiando dos indivíduos, que, como agentes do poder, criam significados, usam a linguagem e determinam o que é verdade, gerando discursos embebidos em diferentes formas de poder. Fazemos uma discussão mais expandida sobre isso nas páginas seguintes, mas adiantamos que esse modo de pensar influencia até mesmo o que é considerado uma verdade científica, e tenta desacreditar o método científico como mais um elemento contingenciado por essas disputas de poder.

Sendo assim, como os pós-modernistas são pessimistas quanto à ideia de uma revolução que remova os opressores do topo da estrutura social, concluem que o melhor seria uma demolição completa. Já ouviu o ditado que às vezes *sai mais barato construir do zero do que reformar*? Nesse sentido, o pós-modernismo é um projeto pós-marxista em essência, por isso, muitas vezes, refere-se a eles por pós-marxistas. Porém, você deve estar se perguntando: como tudo isso se conecta ao pensamento *woke*?

O neomarxismo passou a ser uma corrente de estudos malquista, sobretudo durante o tempo de atuação de Herbert Marcuse, que se tornou um radicalista com apelos para violência. Enquanto a primeira geração da Teoria Crítica era mais teórica*, a segunda, tornou-se intensivamente ativista, e com defesa de censura e intolerância, como pode ser visto no texto coescrito por Marcuse, em 1965, *Critique of Pure Tolerance*, no qual os autores propõem que a censura é necessária, pois ideias que perpetuam o *status quo* não devem sequer entrar na mente (consciência) das pessoas.

Aos que continuaram, restou o isolamento, e a criação de nichos de estudo, como estudos sobre mulheres e estudos afro-americanos, como discutiremos em "corrupção da ciência". E foi assim que as ideias da Teoria Crítica foram reapropriadas e ganharam uma roupagem mais palatável, sem o extremismo radical que o isolou em primeiro lugar.

O modelo de educação crítica também nasce dessa linha filosófica, que consiste na defesa da expansão da consciência crítica dos alunos como forma de libertação, e esse seria o principal fim da educação. A consciência crítica é, em última instância, uma reforma do pensamento, pois faz uma crítica ao capitalismo e às suas estruturas opressoras, com intenção de promover um ambiente no qual os alunos se revoltem, e sejam agentes da revolução. No Brasil, Paulo Freire é, sem dúvidas, o nome mais reconhecido dessa escola de pensamento, e sua

---

* Dois pensadores proeminentes dessa geração foram Max Horkheimer (1895-1973), Theodor Adorno (1903-1969).

influência é tão vasta e profunda, que o autor é considerado patrono da educação brasileira.

Devido à falta de robustez de conceitos, o pós-modernismo foi gradativamente perdendo credibilidade nos principais institutos de pesquisa do mundo, inclusive, na França, onde nasceu, sendo ressuscitado nos anos 1990, como veremos a seguir.

O feminismo dos anos 1980 e 1990 recupera ideias pós-modernistas, mesmo que estas fossem consideradas de baixa credibilidade acadêmica, e as incorpora em seus textos. A escola de pensamento neomarxista das feministas negras, e teoristas *queer* como Judith Butler e Gayle Rubin, por exemplo, utilizam muitas premissas pós-modernas para contornar as suas principais ideias, e esses nichos de estudos foram fundamentais para a popularização e fusão do neomarxismo e do pós-modernismo.

Em *Teorias Cínicas*, publicado no Brasil pela Avis Rara, Pluckrose e Lindsay revelam que esse casamento foi feito delimitando o desejo generalizado de desconstrução do pós-modernismo, para que pudesse aproximá-la do neomarxismo. Por exemplo, o que era considerado oprimido foi resguardado e poupado dessa desconstrução total, garantindo espaço para que a discussão em torno de opressão e privilégio fosse acomodada. Para estes, a desconstrução das experiências vividas pelos oprimidos seria uma forma de exercício de poder, logo, em nome de proteger os vulneráveis dessa opressão sistêmica, contornaram o pós-modernismo, dando uma capa menos apocalíptica, e fortalecendo a premissa de que os ditos mais vulneráveis precisam ser protegidos, custe o que custar. Pluckrose e Lindsay referem-se a "esse Pós-Modernismo" como pós-modernismo aplicado, para fazer distinção com o primeiro.

Essas ideias passam a ser incorporadas pelo movimento Black Power, nos anos 1990, sobretudo, ideias como opressão sistêmica e desconstrução daquilo que confere, transmite e perpetua o poder sistêmico, como o privilégio branco. Nasce assim o primeiro esboço da Justiça Crítica Social, ou pensamento *woke*, cujas ideias são explicitamente discorridas em *Mapping the Margins: Intersectionality, Identity Politics, and Violence against Women of Color*, de Kimberlé Crenshaw[11].

O pós-modernismo fundiu-se ao neomarxismo (Teoria Crítica), desenvolvendo uma nova escola de pensamento chamada Justiça Social Crítica, ou pós-modernismo aplicado, que mantém a tradição de desconstrução do pós-modernismo, ainda que decida o que deve ou não ser desconstruído, e neomarxista, na medida em que incorpora elementos de conflito, estratificação de grupos, agora renomeados como identidades ou grupos minoritários.

Muitas ideias do marxismo clássico foram perdidas durante essa longa viagem, e é por isso que os marxistas da primeira escola, muitas vezes, não apenas se opõem, como também, ofendem-se, ao serem associados ao *wokeísmo*. Isso é tão evidente, por exemplo, quando dissecamos a Teoria Crítica Racial, e vemos como as explicações econômicas foram minimizadas ou completamente removidas do argumento. Muitos argumentos que defendem a existência de racismo sistêmico (ou estrutural, como é conhecido no Brasil) podem ser facilmente explicados por fatores econômicos, em vez de raciais. Marxistas clássicos **jamais** cometeriam esse erro. Como nos apresenta Marize Schons em *O mínimo sobre Marx*[12], a tensão entre neomarxistas e marxistas ortodoxos é evidente.

Por isso, cremos que embora alguns preceitos do marxismo e do neomarxismo estejam vagamente presentes, não podemos considerar o pensamento *woke* estritamente marxista, ao pé da letra. Nem mesmo pós-moderno no sentido literal da corrente inicialmente proposta.

Para concretizar esse casamento teórico improvável, tiveram que fazer ajustes que os distanciaram das correntes de pensamento na qual se inspiraram. Lembremos ainda que a Teoria Crítica emerge da Teoria Crítica Racial, nascida no século passado nos Estados Unidos, e que advoga a ideia de que o sistema legal e demais instituições sociais americanas foram construídas em cima de uma estrutura desigual que beneficia os brancos. Logo, utiliza o conceito de raça como o fator mais relevante (e talvez, único) para entender as desigualdades sociais. Nessa teoria, brancos são invariavelmente opressores, e dessa teoria emanam terminologias como supremacia branca, privilégio branco e outros derivados.

Embora justiça social seja um tema recorrente nas Ciências Sociais, a Justiça Social Crítica tem as suas especificidades. Ela argumenta que existe uma pirâmide de poder social, na qual o homem branco estaria no topo, e todos os demais grupos seriam vitimizados por ele, e o objetivo seria a transformação social via inversão da pirâmide hierárquica de poder. Em *A Guerra contra o Ocidente*, Douglas Murray[13] a descreve como uma tentativa de atomizar a sociedade em diferentes grupos de interesse, de forma que identidade de gênero, raça e preferência sexual seriam os grupos mais populares.

A Teoria da Justiça Social Crítica colabora para vulgarizar o paradigma da mentalidade de vitimização, mas deixa de destacar que vitimização se tornou uma forma de poder, uma moeda política utilizada para calar adversários e ser ouvido. Quanto mais um grupo for vitimizado, mais proteção e visibilidade ele recebe. Nesse sentido, o acúmulo de discriminações e experiências opressivas, chamado de "interseccionalidade", também passa a ser crucial para a cartilha *woke*, como forma de organizar e determinar quem é mais oprimido na hierarquia de poder. Por essa perspectiva, uma mulher poderia ser vitimizada, mas uma mulher preta seria duplamente vitimizada, ao passo que uma mulher preta transgênero seria triplamente vitimizada; seria uma espécie de bingo identitário: quanto mais opressões acumuladas, maior seu poder na escala de vitimização. Ao mesmo tempo em que rejeitam classificações, criam categorizações o tempo inteiro, o que é mais uma das contradições evidentes desse movimento.

É uma ideologia que acredita que os indivíduos herdam, via socialização, ideias e comportamentos através dos sistemas sociais nos quais estão inseridos, daí a importância dada à linguagem. A Justiça Social Crítica defende que conhecimento e linguagem atravessam esses sistemas de poder e privilégios, que trabalham de forma pérfida oprimindo certos grupos. O leitor certamente reconhece alguns desses sistemas opressores: patriarcado, imperialismo, heteronormatividade, cisnormatividade, e gordofobia, por exemplo.

O conceito de discurso é extremamente importante para a Justiça Social Crítica, e essa é mais uma das heranças do pós-modernismo. Para eles, a forma como falamos sobre as coisas seria carregada da visão daqueles que controlam e dominam os discursos. Logo, a própria linguagem poderia ser opressora, mesmo a linguagem científica, como discutiremos em breve, pois ela ignoraria as experiências humanas individuais, como suas crenças ou emoções, a favor de uma narrativa universal, e que visibiliza apenas aqueles que estão no topo da pirâmide de poder.

Como mencionamos anteriormente, embora haja uma sobreposição significativa entre a Teoria Crítica e o pós-modernismo, culminando no casamento que conhecemos como Justiça Social Crítica, essa fusão também traz as suas contrariedades. A adaptação furtiva que a Justiça Social Crítica fez para acomodar ideias neomarxistas e pós-modernistas ao mesmo tempo não passou despercebida.

Por exemplo, como a primeira teoria foi inspirada no marxismo clássico, teoria na qual o conceito de estrutura é central, surge uma discordância difícil de conciliar: os pensamentos pós-modernista e pós-estruturalista recusam o conceito de estrutura, e visam desestabilizar as grandes narrativas históricas tão importantes para o marxismo. Dessa maneira, percebem como os eixos teóricos se anulam em vez de se complementarem?

Para o marxismo, toda história é a história da luta de classes, e a Teoria Crítica preserva vagamente essa premissa também. Para o Pós-Estruturalismo não existem grandes narrativas da história, apenas múltiplas narrativas, e qualquer visão mais abrangente deve ser desconstruída. Os críticos têm razão, é incoerência teórica insustentável.

Enquanto a Teoria Crítica enfatiza o discurso para perpetuar desigualdades e estruturas de poder vigentes, o Pós-Estruturalismo destaca como a linguagem não apenas pode carregar sentidos opressores, mas acima de tudo, como ela pode criar realidades a partir da gênese de novos significados e novas interpretações. Enquanto a Teoria Crítica crê numa transformação social via crítica social, o Pós-Estruturalismo abandona a ideia de revolução via reforma, e visa demolir/apagar/destruir todos os sistemas; portanto, mesmo os objetivos das duas correntes diferem também.

Os críticos complementam ainda que as discussões do escopo da Teoria Crítica e seus derivados carecem de uma dimensão mais materialista, o que favorece que grandes corporações se apresentem como defensoras da igualdade e da justiça social, sem que tenham um engajamento genuíno objetivando a transformação social via destruição da hierarquia de poder, haja vista que o resultado feriria os seus próprios interesses.

Como podemos ver, há contrassensos, e ao mesmo tempo que as ideias das duas correntes se alinham, por outro lado, nem sempre é fácil conciliá-las debaixo do guarda-chuva *woke*. Mas não nos esqueçamos, o *wokeísmo* prospera na anti-intelectualidade. Uma análise teórica mais profunda revela os esqueletos e as incoerências de mesclar as duas correntes. O *wokeísmo* floresce na falta de leitura aprofundada sobre diferentes temas, e, ousamos dizer, na má-fé também. Pela maneira anti-intelectual com a qual organizam as suas ideias, não tratamos a Justiça Social Crítica como teoria, e sim como uma ideologia, pois o *wokeísmo* é muito mais pautado no ativismo e na adoção de palavras ou jargões que expressam certas atitudes consideradas como corretas do que é particularmente um movimento intelectual que visa aprofundar conceitos e esquadrinhar ideias e correntes de pensamento.

É um movimento que se apega a frases isoladas de autores, a ideias isoladas de escolas de pensamento, e as mescla em uma seleção narcisista das ideias que mais agradam de cada corrente, formando um Frankenstein teórico difícil de explicar, e bem francamente, difícil de entender. Porém, esse comportamento faz sentido em um cenário de desconstrução das verdades científicas e de rejeição dos métodos de pesquisa, logo, razão, lógica, coerência e fatos não são essencialmente uma diligência que consome o tempo das pessoas que adotam o manual *woke* — tema que será aprofundado em "corrupção da ciência".

QUEM É A GERAÇÃO "FLOCO DE NEVE" E COMO ELA SE TORNOU *WOKE*

Cultivados nos berços universitários, em geral, os ativistas *woke* são alunos de classe média, que viveram toda a sua vida em vantagem social. Tiveram acesso à boa educação e a outros bens e serviços que os colocaram em destaque em comparação a outros grupos sociais. Tais benefícios não parecem ter sido suficientes, era preciso alcançar também certa vantagem moral, algo que lhes conferisse um valor distintivo como cidadãos de elevado nível moral, quase como um mecanismo para mediar o constrangimento por terem nascido nessa posição social.

E esse sentimento de culpa foi inculcado nas mentes dos jovens através de anos de educação doutrinária disfarçada de pensamento crítico. Foram anos de lavagem cerebral institucionalizada com a aplicação prática daquilo que ficou conhecido como pedagogia crítica, cujo autor mais difundido no Brasil é Paulo Freire. A proposta de conscientização educacional de Freire não é educação, e sim radicalização, pois preconiza que o papel da educação seja permitir que o aluno pense criticamente. Porém, pensar criticamente significa pensar de uma forma específica, através do reconhecimento de que o mundo é um lugar inundado de opressão, e que temos a nossa responsabilidade/culpa nesse processo, logo, precisamos fazer algo para corrigir isso.

Essa abordagem crítica da educação passa a ser percebida como o único ato político correto, e ensinada como verdade absoluta. Infiltrada nos cursos de formação de professores como algo libertador, passa a ser prática comum nas salas de aula, não particularmente a aplicação do método em si, mas o escopo teórico de reforma do pensamento, especialmente, a ideia de que o papel da educação é, antes de mais nada, despertar e provocar o aluno com oportunidades de discussão na linha da justiça social e questionar o *status quo*.

Você já se perguntou de onde advém o termo "crítico" de pensamento crítico ou educação crítica? A pedagogia crítica descende da Teoria Crítica que acabamos de abordar, escola de pensamento neomarxista que enfatiza ideologia e cultura, e um dos meios culturais mais poderosos de uma sociedade é o seu sistema educacional.

Logo, o pensamento crítico é um pensamento neomarxista, é Teoria Crítica infiltrada e aplicada na Educação. Consciência e ideologia são conceitos importantes nas discussões de Henry Giroux, por exemplo. Giroux foi o fundador da pedagogia crítica nos Estados Unidos, e amigo pessoal de Paulo Freire, com quem realizou muitas parcerias acadêmicas ao longo dos anos[14]. O autor adaptou não apenas ideias dos teóricos críticos (neomarxistas) Theodor Adorno e Herbert Marcuse, mas também era fã da análise de poder produzida por Michel Foucault, e teria incorporado todas essas ideias em seu modelo pedagógico.

Muitos conceitos neomarxistas são aplicados à educação crítica, como o conceito de hegemonia de Gramsci[15] que passa a ser incorporado na discussão sobre currículos, a crítica à racionalidade e ao positivismo científico[16] realizada pelos teóricos críticos Theodor Adorno e Herbert Marcuse também, apenas para citar alguns.

Em 1981, Henry Giroux elabora as suas principais ideias em seu primeiro livro, *Ideologia, Cultura e o Processo de Escolarização*, no qual deixa clara a intenção da educação crítica: um instrumento para revolução/transformação. O autor rejeitou a ideia de educação como instrumento de transmissão de conhecimento, pois para ele, esse processo seria considerado passivo e autoritário, haja vista os discursos dos professores serem carregados de certa visão dominante do mundo, logo, opressora, que só serviria aos interesses daqueles que se encontram no topo da hierarquia social. Portanto, seria papel da educação plantar a semente do conflito na consciência dos alunos, para que eles despertem para a necessidade da transformação social, rebelem-se, e sejam agentes da revolução.

Joe Kincheloe[17], utilizando ideias de Giroux e Freire, desenvolve a teoria que ficou conhecida como Epistemologia Crítica Construtivista*, e termos como decolonização do currículo passam a se popularizar. De forma operacional, a educação seria usada para gerar oportunidades de aprendizagem que tocassem nos centros emocionais dos alunos, ativando o seu desejo, despertando o seu ativismo. A pedagogia crítica visa criar deliberadamente crises emocionais nos alunos com o objetivo de incitar raiva, tristeza, ansiedade e culpa, para impulsioná-los ao ativismo e à mudança social.

Essa pedagogia defende que, para que as ideias transformativas penetrem a consciência dos alunos, é preciso que a abordagem penetre também as emoções das crianças, através do uso de exemplos concretos e próximos da sua realidade, para que sejam mais significativos. Essa experiência educativa, encharcada de emoções, teria como objetivo invocar medos e ansiedades que geram uma crise existencial no

---

* Novamente, uma mistura de Teoria Crítica com pós-modernismo, ou seja, pensamento *woke*.

aluno. Kumashiro[18] afirma que **o educador tem a responsabilidade de atrair alunos para uma possível crise**, pois esta crise de identidade seria o combustível necessário para que eles despertem e façam uma autorreflexão crítica.

Por exemplo, ao ensinar às crianças a fazerem cálculos matemáticos como distância e velocidade, doses de crítica social podem ser adicionadas ao enunciado dos textos, produzindo uma forma de reflexão social radical, embebida em discussões sobre pobreza, raça e, o tema popular do momento, identidade de gênero. Um problema matemático sobre uma criança cruzando um parque em um skate pode vir com questionamentos adicionais: você acha que todas as crianças têm dinheiro para ter um skate? Você acha que todas as crianças possuem um parque no bairro? Quantas crianças pretas você viu no parque? É justo que você tenha um skate e outras crianças não tenham? Você se considera privilegiado por ter um skate? E assim, a conversa deixa de ser sobre matemática e passa a ser sobre o que realmente importa: lavagem cerebral via ativação dos circuitos emocionais da criança. Nesse sentido, a matemática é usada como tema gerador para as conversas que realmente importam, e assim, certas emoções são produzidas na consciência dos alunos, e ir ao parque andar de skate nunca mais será como antes, certas emoções estão agora atreladas à experiência: *eu tenho culpa? Eu sou racista? Eu estou oprimindo meus coleguinhas?* Isso é abuso e exploração emocional com roupagem de conscientização política.

Essa pedagogia visa, através da ativação dos circuitos emocionais dos alunos, fazer com que eles se sintam culpados, e que entendam que também fazem parte dessa estrutura de opressão. Essa crise poderia levar os alunos a uma reflexão que culmine em ativismo, via culpa e arrependimento, ou a uma crise que fuja do controle, e por isso, o professor é importante como mediador da "catástrofe" que ele mesmo provocou. Em muitas escolas, crianças brancas são ensinadas que são culpadas apenas por serem brancas, pois fazem parte do grupo opressor, e isso é lavagem cerebral da pior espécie.

Anos de escolarização baseados em "pensamento crítico" ajudaram a aprofundar essa culpa nas pessoas, que, obviamente, não querem ser percebidas como membros do grupo opressor. É interessante que os próprios Gen Z estão tendo filhos agora, e mais de 70% acreditam que a educação familiar deve incorporar elementos de "pensamento crítico", e para eles pensar criticamente significa a adoção de pautas progressistas como neutralidade de gênero, combate à supremacia branca e ideias feministas liberais, por exemplo. Isso mostra como anos de lavagem cerebral, de pensamento crítico através da escola surtiu efeito duradouro. O relatório pode ser encontrado sob o título *We, The Family, How Gen Z is Rewriting The Rules of Parenting*.

Na escala de opressão, é embaraçoso ser ou se associar com os opressores, pois se trata de um sistema de ideias e valores que categoriza pessoas, aponta dedos e as classifica como culpadas, caso pertençam a um determinado grupo. Ser privilegiado, nesse contexto, é vergonhoso e, embora tais grupos não estejam preparados para abrir mão de seus privilégios, eles teriam encontrado uma forma mais fácil e conveniente de se projetarem ante os detentores do monopólio da verdade, da bondade e da inteligência: tornam-se *woke*. Na prática, vemos a manifestação desse rito de passagem de várias formas, brancos passam a proclamar autoculpa — sobretudo, on-line —, a demonstrar constrangimento pelo fato de serem brancos e a se declararem "racistas em desconstrução". Pais se projetam à popularidade por sua louvável capacidade de entender seus filhos transgêneros, professores passam a adotar linguagem neutra para acomodar os sentimentos dos grupos considerados marginalizados, estudantes ricos, matriculados em universidades caríssimas, passam a adotar uma identidade dita não binária, cuja exigência mínima é apenas a mudança dos pronomes no perfil das redes sociais. Essas ações não apenas sinalizam virtude, como também atuam como prova de aliança aos grupos ditos vitimizados. Dessa maneira, você pode continuar a viver seus privilégios tendo a confiança de que está, pelo menos, fazendo a sua parte.

John McWorther, professor da Universidade de Colúmbia, publicou, em 19 de agosto de 2022, um artigo no jornal *The New York Times* intitulado *A mentalidade de rebanho está ao nosso redor. Ainda vejo esperança para a diversidade de pensamento*[19]. Nesse artigo, McWorther lança mão de um conceito cunhado por Joseph Henrich, antropólogo da Universidade de Harvard: WEIRD-*ness*. WEIRD seria o acrônimo, em inglês, para **ocidentais, educadas, industrializadas, ricas e democráticas**. As pessoas *não* WEIRD são os ativistas *woke* e possuem mentalidade de rebanho, o que faz com que eles rejeitem a habilidade de pensar de forma autônoma. Isso gera uma polarização emocional, que é uma adesão acrítica a grupo ou partido por ter horror absoluto a um determinado grupo ou partido político.

Os jovens militantes, que cresceram desfrutando dos benefícios da civilização ocidental, parecem tão atingidos pelo sentimentalismo tóxico — para lembrar Theodore Dalrymple —, que destruiu a capacidade desta geração de pensar ou ter ciência de que precisa pensar.

Crianças não são conhecidas por seu envolvimento político, mas depois de anos de lavagem cerebral, ao ingressarem nas universidades, encontram a oportunidade perfeita para colocar em prática o ativismo que foram, através de anos de escolarização crítica, encorajadas a adotar.

Ao ingressarem no nível superior, os alunos estão sedentos por integração e pertencimento, e podem ser facilmente cooptados pelas pautas políticas identitárias, especialmente se o alicerce para receber essas ideias já está bem fundamentado devido a anos de escolarização crítica adotada pelos sistemas educacionais.

Outra questão que adiciona ao problema é que concomitantemente a anos de escolarização via pensamento crítico, a educação familiar também ganha contornos diferentes. Os pais da Geração Z usaram seus próprios pais como modelo reverso: atitudes, comportamentos e práticas adotados por seus pais passaram a ser inadequados e são evitados a qualquer custo, tais como punição, disciplina física e restrições variadas, que passaram a ser vistas como práticas ultrapassadas.

A infância da Geração Millennial pode ser considerada como mais estruturada e programada, fruto de anos de educação superprotetora, o que é popularmente conhecida como Educação Helicóptero, na qual os pais estavam sempre presentes para administrar crises e conflitos, e gerenciar os problemas dos filhos. A Geração Z, por sua vez, é exposta a um estilo parental apelidado de "CIA", com o uso de tecnologia para se envolver na vida dos filhos[20]. O acompanhamento escolar, por exemplo, embora exista, não é feito fisicamente. Há pontos positivos e negativos para todos os estilos de educação, não existe um modelo ideal, porque a experiência humana é complexa, e cada família tem a sua própria dinâmica, mas um dos resultados dessa educação mais virtual é que ela empurrou a Geração Z para o espaço on-line.

Além disso, segundo Pew Research Center, em países como os Estados Unidos, um quarto dos membros da Geração Z cresceu em casas com apenas um dos pais presentes, o que pode ter afetado a dinâmica dos lares e o estilo de maternidade/paternidade adotado. Isso pode se traduzir em menos presença em atividades escolares, por exemplo, e mais solidão e consumo de telas. É uma geração em constante conectividade, desde os primeiros anos de vida, e o problema tende a se agravar. Basta observarmos a quantidade de bebês em restaurantes ou salas de espera com tablets e outros dispositivos, incapazes de apreciar o cenário ao seu redor. Em 2016, pesquisadores entrevistaram membros de três gerações a respeito de suas expectativas, atitudes, comportamentos e motivações, e um dos resultados encontrados foi que membros da Geração Z gastam nove horas diárias interagindo em plataformas digitais, com uma média de setenta vídeos consumidos por dia no YouTube, publicação de conteúdos e jogos eletrônicos. (Fromm J. et al.) [21]

Como pais, é difícil ser a única pessoa que provém para o sustento da família, que gerencia o lar e que cria os filhos. E, geralmente, esse conflito vem acompanhado de um desejo genuíno (e compreensível) de reparar essa ausência, seja através da compra do afeto via bens materiais, da dificuldade em falar "não" ou de dizer que algo está errado. Isso explica parte do problema da Geração Z em lidar com conflitos, porque nem sempre foram expostos a ocasiões nas quais pudessem aprender a gerenciá-los.

Alex Mahon, CEO de um dos maiores canais de televisão do Reino Unido, o *Channel 4*, disse durante a conferência *Royal Television Society*, que ocorreu na Inglaterra em setembro de 2023[22], que os funcionários da Geração Z não sabem trabalhar ao lado de pessoas que tenham opiniões diferentes, porque simplesmente não possuem as habilidades necessárias para debater assuntos, e ela acredita que a experiência on-line da Geração Z ajude a piorar esse quadro, com a proliferação de "câmaras de eco", nas quais os indivíduos têm a possibilidade de se conectar apenas com quem concorda e valida as suas próprias crenças e ideias, criando uma bolha perfeita que difere da realidade do dia a dia.

O *Channel 4* encomendou uma pesquisa intitulada *Beyond Z, the real truth about british youth**, e os resultados revelaram que os jovens britânicos estão menos liberais, pois possuem baixa tolerância a opiniões divergentes, incluindo opiniões de membros das gerações anteriores, e não acreditam em liberdade de expressão na sua forma mais original, com quase metade dos pesquisados afirmando que algumas pessoas merecem ser canceladas.

---

* Tradução livre. Para além do Z: a autêntica verdade sobre a juventude britânica.

A combinação desse ativismo pretensamente crítico com inabilidade em gerenciar conflitos, e com essa constante conectividade, muitas vezes através de câmaras de eco que reforçam apenas os seus próprios pontos de vista, virou uma das principais características da juventude *woke*, que não aprendeu a discordar, não aprendeu a ouvir "não", que tende a ver apenas a sua opinião como correta e que vê a discordância como um ataque pessoal à sua identidade.

Esperava-se que, ao ingressarem nas universidades, parte desses problemas pudessem ser mitigados ao serem expostos a uma diversidade maior de pensamento, porém, as universidades também foram corrompidas por certa visão de mundo, que, convenientemente, alinha-se ao estilo filosófico da Geração Z *woke*, como veremos em breve. A universidade se tornou um espaço sem pluralidade de ideias porque a Geração Z ingressou nela ou a Geração Z piorou após ter ingressado na universidade?

CAPÍTULO 2

PRINCÍPIOS E MECANISMOS DE OPERAÇÃO DO ATIVISMO *WOKE**

> (...) *Neste mundo, ter sua queixa ouvida é o auge da autoexpressão, ser visto sofrendo pessoalmente é o limite superior do arbítrio e um lugar entre os eleitos intelectuais é o horizonte da vitória.* (...)
>
> (Ben Hickman, no artigo Stop Doing the Work)[1]

O termo *woke* ganhou novos significados de maneira tão ágil — graças às redes sociais —, que acadêmicos e intelectuais estão empenhados em compreender o ativismo *woke*, a cultura *woke* e, pasmem, há até o termo *wokeísmo*[2]. Ao passo que mantém uma postura anti-intelectual, o ativismo *woke* está apoiado em alguns fundamentos muito importantes: o marxismo ocidental, o pós-modernismo, e as pautas identitárias. Segundo José Guilherme Merquior[3], marxismo ocidental é um conjunto de ideias, principalmente filosóficas, que aglutina a obra de autores tão diversos quanto Georg Lukács, Louis Althusser, Walter Benjamin, Jean-Paul Sartre, Antonio Gramsci e Jürgen Habermas.

O marxismo ocidental guarda um interesse agudo pela cultura e aqui reside sua diferença com o marxismo clássico: o marxismo

---

* Para fins deste livro, utilizaremos ativismo *woke*, cultura *woke*, *wokeísmo* e esquerda iliberal como sinônimos.

ocidental se preocupou, em primeiro lugar, com cultura e ideologia, e o marxismo clássico estava na história econômica e na política da luta de classes.

O jornalista Chris Cutrone, em um texto para a revista *Compact*[4], traz um apontamento importantíssimo: o ativismo *woke* busca no marxismo respostas para questões que ele não se propôs a responder.

O ativismo *woke* também está apoiado nas **pautas identitárias**. Tais pautas oferecem ao *wokeísmo* categorias fundamentais para sua atuação como gênero, raça e sexualidade, que ao se articular com preceitos do marxismo ocidental, sequestra pautas sociais legítimas, fazendo com que, muitas vezes, sejam confundidas pelo público amplo como demandas políticas históricas. Para tanto, o ativismo *woke* trabalha sob o princípio iliberal de fazer política (ou antipolítica). Ou como comumente chamamos: **cultura do cancelamento**.

Aqui vai um exemplo. No dia 22 de outubro de 2022, a *Folha de S. Paulo* publicou uma reportagem[5] em que Lívia Sant'Anna Vaz, promotora de justiça da Bahia e doutora em Ciências Político-Jurídicas pela Universidade de Lisboa, afirma o seguinte: "A ditadura da liberdade de expressão nas mãos dos intolerantes vai minar o próprio processo democrático." Nunca imaginamos ler uma frase como essa. Ousamos dizer que talvez nem George Orwell, famoso autor de distopias como *1984* e *A Revolução dos Bichos*, conseguiria imaginar uma distopia na qual essa sentença fosse possível. A frase nos leva a um questionamento: quando a esquerda ficou tão iliberal?

O texto publicado pelo *The Economist*, intitulado *A ameaça da esquerda iliberal*[6], aponta como a direita populista e a esquerda iliberal atacam a liberdade. Mas, assevera que o ataque da esquerda é mais difícil de entender, em parte porque na América "liberal" passou a incluir uma esquerda iliberal.

É da **esquerda iliberal a propriedade intelectual da cultura do cancelamento!** O dicionário *Merriam-Webster*[7] apresenta a seguinte definição de cultura do cancelamento: "A prática ou tendência de se engajar no cancelamento em massa como forma de expressar desaprovação e exercer pressão social."

As universidades, que deveriam ser os pilares de proteção e defesa da liberdade de expressão na civilização ocidental, passaram a ser as principais gestoras dos cânones da cultura do cancelamento. Com o intuito declarado de proteger minorias a qualquer custo, a geração que chegou às universidades na segunda década do século XXI[8] implementou interdições e proibições completamente paranoides, que conseguem assustar até aqueles que viveram em épocas de restrição formal da liberdade (ditadura).

Em *A mente imprudente*[9], Mark Lilla concede pistas sobre a ligação da universidade com o ativismo, ao tecer as implicações e os perigos da atuação política dos intelectuais. Lilla diz que quem tomar para si a tarefa de escrever honestamente a história intelectual da Europa precisará de um estômago forte, pois intelectuais europeus mobilizaram seus talentos para convencer suas sociedades de que os crimes cometidos por tiranos modernos não são absurdos.

O advento das redes sociais proporcionou uma nova era para a cultura do cancelamento; essas redes imediatamente absorveram e difundiram a mentalidade gestada nos meios universitários, de maneira a tornar tal cultura um fenômeno extremamente perverso.

A cultura do cancelamento exige uma audiência empolgada, ativa e pronta a reconhecer os bons serviços de quem aponta um possível crime de opinião ou uma suposta ofensa de cunho racial, social ou sexual. Essa audiência também está disposta a contribuir com o constrangimento público do acusado; a audiência, então, deixa de ser espectadora e passa a ser cúmplice. A cultura do cancelamento se tornou um fenômeno tão dinâmico, que os sujeitos que acusam hoje podem ser os acusados de amanhã. Segundo Greg Lukianoff e Jonathan Haidt[10], autores do livro *The Coddling of the*

American Mind, viver na cultura do cancelamento exige constante vigilância, medo e autocensura.

É correto dizer que a cultura do cancelamento é um fenômeno que foi difundido entre indivíduos dos mais diversos espectros políticos, mas parece mais pungente entre aqueles situados mais à esquerda, especialmente, os ativistas *woke*.

A edição número 258 da revista *Cult* dedicou seu editorial à cultura do cancelamento. Na apresentação, Jerônimo Teixeira confirma o que foi dito anteriormente:

> (...) o cancelamento é uma arma exclusiva da esquerda – em particular, da esquerda identitária que se preocupa mais em criar torções bizarras do idioma para neutralizar o gênero das palavras (todes e todxs compreendem do que estamos falando, certo?) do que em reconhecer as condições objetivas em que vivem mulheres, negros, trans, gays e outras tantas categorias vitimizadas. (...) **a propriedade intelectual do cancelamento, no entanto, é da nova esquerda** que Mark Lilla (um pensador progressista) criticou com incisiva propriedade em *O progressista de ontem e do amanhã*.[10]

Segundo Teixeira[12], a cultura do cancelamento "ao substituir o debate qualificado pelo cala-boca sumário, aprofunda a erosão do debate político em um universo de opiniões atomizadas nas bolhas ideológicas das redes sociais"[13].

Em *Contra toda censura*[14], Gustavo Maultasch aponta a existência de uma libido censória que busca justiçamento através de turbas que executam cancelamentos e as redes socais fornecem o meio perfeito. Os canceladores justificam a imoralidade do cancelamento através do desejo de estar sempre no "lado certo da história".

No texto *O identitarismo, suas contradições, seus equívocos*[15], o jornalista Ricardo Rangel argumenta que o que chama de identitarismo de esquerda não é equivalente ao politicamente correto, definindo-o como "(...) uma expressão que identifica vocabulário, políticas ou ações que evitem ofender, excluir e/ou marginalizar grupos vistos como desfavorecidos."[16] O autor aponta, contudo, que identitarismo e politicamente correto estão intimamente ligados, de modo que "(...) o identitarismo parece um politicamente correto com anabolizantes"[17]. Dessa mistura, é desenvolvida a cultura do cancelamento.

Obviamente, a cultura do cancelamento, enquanto tática política gerou efeitos colaterais inesperados para os progressistas:

> O rol de palavras, práticas e expressões canceladas pela esquerda identitária ofereceu um vasto material para que a intervenção da neodireita se apresentasse em nome da bandeira da liberdade de expressão. Que seja hipócrita (ou, na melhor das hipóteses, ingênuo) hipotecar ao bolsonarismo a revolta contra práticas de cerceamento do discurso e do pensamento não significa que a revolta não tivesse como fundamento um objeto real.[18]

Por incompetência ou incultura, a esquerda iliberal identitária, da qual o ativismo *woke* faz parte, acredita que o mercado aberto de ideias é manipulado e, portanto, deve cancelar seus adversários. A esquerda da velha guarda possui defensores da liberdade de expressão, porém, os progressistas iliberais pensam que a luta pela equidade exige combate àqueles que são privilegiados e reacionários.

Num surto de arrogância e imerso numa profunda delinquência intelectual, o ativismo *woke* acredita que tem um plano simples e óbvio para encerrar todas as opressões do Ocidente. O que eles conseguem, contudo, é a opressão dos indivíduos, exatamente como faz a direita populista. Ou seja, ambos os extremos dominam a arte de oprimir; mas a esquerda iliberal oprime de um jeito "fofo". O ativista *woke* não veria problema em dizer as seguintes frases para justificar sua tirania: "Eu amo todos os seres humanos, só odeio os conservadores."[19] Ou ainda: "Igualitários são superiores aos elitistas."[20]

Sabemos que defender a liberdade genuína é um trabalho árduo, pois demanda o imperativo de defender que seu oponente tenha o direito de falar ou reconhecer que seus adversários venceram nas urnas. Mas não há progresso sem liberdade, e não há liberdade sem fardo.

Considerando tudo isso, podemos dizer que o ativismo *woke* é orientado por princípios como vitimismo, anti-intelectualismo e politicamente correto. A partir desses princípios, o ativismo *woke* comporta-se ferozmente para corromper. Sim, o ativismo opera através da corrupção dos valores sociais e aqui vamos demarcar as áreas em que esta corrupção é mais pujante: democracia, linguagem, ciência e caráter.

CORRUPÇÃO DA DEMOCRACIA

No dia 18 de abril, comemora-se o Dia do Livro no Brasil, data escolhida em homenagem a Monteiro Lobato[21], autor de clássicos da literatura infantil, como *O Picapau Amarelo* e *O Saci*. Quando tentaram cancelar a obra do autor, sob a acusação de promoção de ideias racistas, como a subalternidade das pessoas pretas, ninguém prestou tanta atenção ao episódio.

Quando tentaram reescrever as peças de Shakespeare no Teatro Shakespeare's Globe, em Londres, sob a acusação de colonialismo[22], ou quando professores se recusaram a ensinar Shakespeare devido à branquitude dos seus personagens[23], quase ninguém ficou assustado. Quando estátuas e esculturas foram vandalizadas em museus e em espaços públicos, por serem consideradas símbolos de opressão[24], quase ninguém reconheceu as ideias perigosas por trás dessas ações.

Em 2020, ativistas na Inglaterra escreveram uma lista com monumentos públicos, placas, memoriais, nomes de ruas, e até mesmo de PUBS*, que eles "exigiam" que fossem renomeados ou removidos do espaço público[25]. Nem mesmo Winston Churchill foi poupado, embora a petição para remoção de sua estátua tenha sido rejeitada pelo Parlamento Britânico. É evidente que o papel central de Churchill na Segunda Guerra Mundial não apaga o seu passado de comentários racistas e controversos, e não o exime de ser medido com a mesma régua com que medimos outras personalidades, e todos temos o direito de pesar na balança e julgar certas pessoas dignas ou indignas da nossa admiração, mas é inegável que ele seja uma figura central da história da civilização moderna. Cancelar Churchill é cancelar um fragmento da história.

Em 2023, o Museu de North Hertfordshire, na Inglaterra, alterou os pronomes da placa do imperador romano Elagabalus cuja escultura é exibida em suas dependências. De acordo com o museu, o imperador seria uma mulher trans, e ao dizer isso, o museu incorre em grave erro de anacronismo, ao remover o contexto no qual o documento utilizado para justificar tal decisão foi escrito, e ao utilizar um conceito contemporâneo (transgenderismo) para explicar eventos passados. Anacronismo (ou anticronismo) ocorre quando usamos lentes de interpretação de uma época para analisar ideias de outro tempo.

Evidente, nem todos os valores defendidos através de certas obras cabem mais no presente, por serem considerados inadequados, sexistas, homofóbicos, misóginos ou racistas; porém, tais materiais podem fornecer um arsenal de possibilidades de discussões com as novas gerações, uma oportunidade de discussão de alto valor educacional. Eliminar essa possibilidade de debate com as gerações mais novas é condescendente, porque parte da ideia de que a população mais jovem

---

* PUB significa Public House, traduzido como casa pública. Na concepção moderna, PUBS são estabelecimentos onde bebidas alcoólicas são servidas, e são profundamente conectados à história e à cultura britânica, de forma que muitos possuem nomes históricos, ligados a eventos ou personalidades de diferentes épocas.

precisa ser protegida de tais conteúdos, ora por ser influenciável e por tender a reproduzir os valores descritos nas obras, ora por ser frágil demais para lidar com certas ideias identificadas como erradas, opressoras ou mesmo perigosas.

Atualmente, o governo britânico adotou a política de *retain and explain*, em tradução, "mantenha e explique", que consiste na manutenção de tais obras, com a adição de explicações que ofereçam algum contexto àquele que a aprecia. Essa iniciativa pode ajudar a criar inúmeras conversas significativas em torno de temas complicados como escravidão e colonialismo, os quais não podemos negar, pois fazem parte da história da humanidade.

Sim, certas obras literárias possuem ideias desatualizadas e problemáticas, e se quisermos ser mais pontuais, racistas e colonialistas, sob a lente que temos hoje. Porém, banir tais obras demonstra uma incapacidade intelectual aguda de refletir essas ideias com as gerações mais novas.

Para os ativistas de diferentes movimentos chancelados pelo ponto de vista *woke*, o propósito da cultura, seja ela experimentada através da literatura, da arte, dos filmes, da música, dos museus etc., é transmitir uma mensagem positiva e corrigir desequilíbrios sociais; porém, ao "cancelar" o passado e tentar reescrever a história, cancelam também a possibilidade de que artefatos culturais sejam usados como instrumento para compreensão da nossa própria história.

O pensamento *woke* possui um áxis, um eixo: tem por fim filosófico-moral a promoção da justiça social, custe o que custar, e, embora pareça que o *wokeísmo* seja articulado em torno de ideias de proteção, inclusão, diversidade, aceitação e bondade, o que eles realmente fazem é se apropriarem da palavra empatia de uma forma tóxica e iliberal.

Queixam-se de colonialismo, mas são colonialistas de ideias, com um totalitarismo que transparece através do controle do que pode ser falado, lido, exibido como arte, ou assistido nos cinemas. Querem controlar o que as pessoas devem aprender, e o que eles devem esquecer. Querem se apropriar da nossa língua, das nossas instituições e da nossa cultura, controlar quais piadas podem ser feitas, que pessoas têm direito à opinião e que palavras devem ser erradicadas da face da Terra.

Novas palavras, eufemismos e anátemas emergem para mediar a ofensa provocada por certos termos, e nada ilustra mais esse problema do que o desmantelamento do significado da palavra mulher, como discutiremos em "corrupção da linguagem."

Como argumentamos em "raízes filosóficas", o pensamento *woke* tem inspiração em ideias pós-estruturalistas tingidas com conceitos vagamente neomarxistas. O *wokeísmo* defende a ideia de que os indivíduos detêm diferentes formas de poder que emanam através de seus discursos, e que dominam e esmagam aqueles que se encontram na base da pirâmide social. Logo, o controle linguístico objetiva proteger os mais vulneráveis, criando os ditos *espaços seguros* para eles. Porém, há alguns desdobramentos complicados a serem considerados.

Primeiro que, curiosamente, os *woke* são as mesmas pessoas que usam o discurso para promover um novo tipo de poder através de vingança, destruição, linchamento e apagamento dos oponentes. Em uma espécie de mentalidade de gangue, visam dominar e esmagar seus adversários políticos, evitando o confronto baseado na disputa dos argumentos. E embora ajam como se estivessem na base da pirâmide de poder, vitimizados por todos, são, na verdade, detentores de um poder bem peculiar, o de destruir reputações; não à toa são temidos por sua hostilidade e sordidez, sendo até mesmo capazes de criar rumores e fofocas vis, apenas como retaliação pelo posicionamento político das pessoas.

Segundo, o conceito de *espaços seguros* não tem lugar em sociedades democráticas, pois a democracia floresce na divergência e no desconforto e, em um nível mais pessoal, é assim que amadurecemos como indivíduos também.

Nesse contexto, ideias divergentes foram promovidas como crime de incitamento ao ódio e à violência, sem o menor esforço para entender o que essa incitação significa na forma da lei. Adotam essa ideia imprecisa para amedrontar os oponentes através da culpabilização, acusando as pessoas de genocidas e coisas semelhantes, apenas por terem expressado uma opinião que eles consideram inadequada. Dessa forma, usar Biologia para argumentar que sexo biológico existe, e é binário e imutável, pode ser considerada uma forma de violência tão grave que pode levar pessoas a cometerem suicídio. É uma chantagem emocional pesada, que tem por objetivo vencer na base do terror e do medo.

Apenas para ilustrar como os *woke* têm pouco apreço pelo debate democrático, vejam este exemplo. Uma das táticas recorrentes de transativistas é trabalhar quietamente como lobistas, influenciando diferentes instâncias tanto na esfera política quanto privada. Isso é tão metodológico e calculado que, quanto menos o público souber, melhor. A restrição da discussão garante que eles continuem circulando livremente, passando leis e projetos na surdina, sem o escrutínio público, e sem respeitar os processos democráticos que envolvem decisões sérias que afetam outros grupos também. A deliberação democrática permitiria que todos os grupos tivessem acesso ao tema discutido, e pudessem fazer as suas contribuições. Porém, no livro *The Remarkable Rise of Transgender Rights*[26], Taylor, Haider-Markel e Lewis descrevem que para os ativistas transgêneros, a democracia direta poderia pôr em perigo os direitos dos transgêneros, por isso, os mesmos preferem a estratégia de evitar o confronto.

Essa posição moralmente superior é paternalista, porque parte do princípio de que os *woke* sabem o que é melhor para aqueles que consideram oprimidos. Além disso, permitir que um grupo determine o que é considerado seguro ou inseguro de discutir passa a ser uma nova forma de controlar a narrativa. Há inúmeros casos de vídeos no qual pessoas brancas tentam persuadir pessoas pretas a pensarem a partir da cartilha da Teoria Crítica Racial. Por quê? Porque ativistas *woke* pensam que sabem o que é melhor para eles, em uma mistura de protecionismo e pedantismo difícil de disfarçar. O pânico moral em torno de raça (e gênero, também), incentivado cada vez mais pelas narrativas midiáticas, favorece, também, a normalização desse tipo de abuso de poder, que se dá via controle do que o outro deve pensar e de como deve agir.

Outra forma pela qual o *wokeísmo* corrompe a democracia é a tática de distorcer a premissa do tratamento igual perante a lei como discriminação, e, para tal, o cultivo da mentalidade de vitimização é crucial. O *status* de vítima permite que certos grupos recebam tratamento especial diante da lei, e isso é visto como uma forma normal de reparo social, mesmo que esse "reparo" seja feito às expensas de outros grupos. Mais do que isso, o *status* de vítima é inatacável, mesmo quando a pessoa faz vítimas. Quando, em 2023, uma mulher de 28 anos que se identificava como homem transgênero invadiu as dependências de uma escola cristã em Nashville, nos Estados Unidos, matando três crianças de nove anos e três funcionários da escola, a resposta oficial do governo foi que a comunidade trans estaria sob ataque. A secretária de imprensa da Casa Branca Karine Jean-Pierre disse em entrevista oficial: "É vergonhoso, é perturbador e nossos corações estão com a comunidade trans, pois eles estão sob ataque neste momento."[27]

A história contada pela mídia abusou de termos como "sentimento antitrans"[28], e "transterrorismo"[29]. A mídia tentou pintar o quadro completo de vítima, dizendo que a sociedade, ao ser preconceituosa e não inclusiva, levaria as pessoas trans a uma crise emocional tão aguda, que problemas como esse poderiam acontecer, ao passo que especialistas alertaram que mensagens de ódio carregadas de mentiras estavam sendo disseminadas[30], inclusive, no Congresso dos Estados Unidos.

Curiosamente, o manifesto escrito pela atiradora, que contava uma história muito diferente da descrita pelas grandes mídias, ganhou pouco destaque nos principais jornais, e se não fosse pelo incansável trabalho de jornalistas independentes, jamais teríamos conhecido o conteúdo dessa carta.

O manifesto revelou que o crime havia sido premeditado, e que teria sido motivado por ódio a pessoas brancas (a atiradora era branca!). Em detalhes, a atiradora xinga as crianças de vários nomes, demonstra ódio pelo fato de elas serem brancas e diz que vai matá-las com prazer. Em um dos trechos, ela afirma "Estou um pouco nervosa, mas animada também. Estou animada nas últimas duas semanas (...). Não posso acreditar que estou fazendo isso, mas estou pronta... espero que minhas vítimas não estejam", e conclui dizendo que queria ter uma contagem alta de mortos.

Como, diante da apuração dos fatos e das imagens das câmeras de segurança, a atiradora conseguiu sustentar o seu *status* de vítima? Porque ser membro do grupo percebido como vitimizado é uma moeda política poderosa, explorada pela mídia e por transativistas. Isso é o poder de matar seis pessoas a sangue-frio, entre elas, três crianças, e mesmo assim ter a benevolência de ser tratada como vítima. Inclusive, ativistas tentaram emplacar uma campanha on-line para mudar o número total de vítimas de seis para sete, incluindo assim, o nome da atiradora na lista de vítimas também.

No livro *Interseccionalidade*, que faz parte da Coleção Feminismos Plurais, a pesquisadora Carla Akotirene trabalha a definição do conceito de interseccionalidade e sua importância para o feminismo negro. No capítulo de conclusão, ela escreve o seguinte:

A coragem de Kimberlé Crenshaw de cunhar a interseccionalidade no âmbito do Direito, setor branco e elitista, **reserva o caráter ético da mulher negra iletrada que leva o celular escondido na vagina para atender o filho preso. (...)**[31]

Sim, na visão da pesquisadora, um conceito acadêmico concede ética para uma mulher negra cometer o crime (e a imoralidade) de levar um celular dentro da vagina para o filho preso. Dessa forma, grupos minoritários ditos oprimidos adquirem um tratamento especial perante a lei, tratamento este que jamais teria sido concedido caso não fossem percebidos como vítimas, em primeiro lugar. Esse tratamento especial é antiliberal e antidemocrático, e ele é fruto dessa ordem perversa de prioridades, na qual a ideologia é colocada à frente da justiça e da razão.

Destacamos que é improvável que o pensamento *woke* tenha chegado tão longe, invadindo todas as esferas da vida social, sem a ajuda midiática. A mídia *woke*, que inclui as plataformas de redes sociais geridas por bilionários no Vale do Silício, está minando a democracia através do controle do que pode ser lido, do que é rotulado como notícia falsa, de quais informações são empurradas por seus algoritmos para ganharem mais destaque e de que forma escolhem contar as histórias. Barbara Maidel[32], em *Missionários nas redações*, explica que profissionais de jornalismo se tornaram uma espécie de missionários da religião identitária.

A mídia acelera o processo de modificar os comportamentos das massas, pois atua em parceria com investidores de diferentes setores, que pagam para anunciar em suas plataformas com o objetivo de vender seus produtos e serviços. É uma elite tecnológica se empenhando em dar forma a um novo modelo de sociedade, que, a partir da visão deles, seria superior, sem consultar se a sociedade está aberta e interessada nessas mudanças.

É incontestável que ricos tenham direito a assumir qualquer posição política, e é igualmente perigoso demonizá-los apenas por isso, porém, o que vemos são estratégias antidemocráticas sendo usadas em nome da defesa da democracia para tomar decisões e influenciar comportamentos sem a contribuição das pessoas interessadas, nós mesmos.

Vemos empresários utilizando seus recursos financeiros para capitalizar a moralidade pública e despertar comportamentos através de campanhas hipócritas, o que lhes conferiria um rótulo de guerreiros que combatem as injustiças sociais, sem necessariamente renunciar a seus privilégios tão especiais. Um exemplo disso são as conferências internacionais sobre o Meio Ambiente patrocinadas por governos e empresas privadas — nas quais cada convidado chega em um jato particular —, que passam dias discutindo seriamente como a população pode reduzir a emissão de carbono no planeta.

Cultiva-se, portanto, uma consciência corporativa hipócrita que metralha o usuário comum com suas mensagens politicamente corretas tingidas de moralidade egoísta.

Lembremos que as empresas fazem isso como uma estratégia de marketing para acondicionar os valores e as expectativas da Geração Z, logo, nem tudo diz respeito à moralidade, também se trata de lucro. É particularmente formidável poder ganhar explorando a agenda popular do momento, ao mesmo tempo em que se é percebido como alguém que defende as causas certas.

Mesmo com tantas evidências, a negação impera nos circuitos *woke*. É impossível convencer essas pessoas de que a democracia está à beira do precipício, porque eles inventaram nomes mais digeríveis para o comportamento reprovável deles: cancelamento é sinônimo de responsabilização, tratamento igual perante a lei é visto como discriminação, ao que tratamento especial não é visto com desdém, é, ao contrário, uma forma de empatia e reparo social, e ideias divergentes são incitamento ao ódio e à violência. E ao utilizarem táticas coercitivas como as discutidas aqui, não visam, necessariamente, educar o adversário, porque, para educar, a presença do debate seria indispensável. Ao usarem esses métodos, buscam a punição do adversário, seja ela na forma moral ou financeira. Utilizam preceitos antidemocráticos para preservar a democracia, demonizando todos aqueles que se desviam, mesmo que levemente, da sua cartilha. Basicamente, na perspectiva *woke*, o povo é antidemocrático.

A adesão precisa ser completa, nenhuma forma de transvio é tolerada. A única forma de ser aprovado é aderindo integralmente a todas as regras do código moral *woke*. Ser preto confere aos indivíduos certo grau de vitimização, mas ser preto e discordar da Teoria Crítica Racial não é aceitável, antes, é percebido como resultado de uma mentalidade colonizada, que precisa ser reformada e encontrar a luz. Ser gay coloca os indivíduos numa posição razoável de vitimização, mas ser gay e discordar das pautas "LGBT..." é um desvio imperdoável, que pode culminar em ataques tão cruéis que as pessoas (verdadeiras vítimas da quadrilha *woke*) se sentem paralisadas e preferem se calar. Um imigrante legal que não defende a abertura total de fronteiras é percebido como um ser humano sem compaixão, por exemplo. E embora os *woke* estejam interessados em todas as formas de punição, eles parecem se deliciar com a punição do caráter, com a destruição da reputação das pessoas, ou seja, com o cancelamento moral dos adversários.

Logo, não basta ter as características de um determinado grupo minoritário (cor, gênero ou orientação sexual, por exemplo), a pessoa precisa aderir ao código definido como moralmente superior, do contrário, é ostracizado pela sua própria "comunidade". O que é novamente um atentado à democracia e aos direitos individuais dos seres humanos, pois remove a complexificação da história dos indivíduos, e seu direito à opinião e a preferências, que são esvaziados em favor de uma noção de comunidade. Ou seja, é a morte da individualidade, um dos elementos mais importantes das sociedades democráticas, em favor do *GroupThink*, que ocorre quando um grupo de pessoas bem-intencionadas e, por vezes, encorajadas por uma agenda específica, toma decisões questionáveis, irracionais e mesmo autoritárias, que podem ter consequências éticas e morais perigosas para a sociedade. Esses atentados à democracia vão causando microfraturas, que em vez de serem curadas, estão sendo aprofundadas, até chegarmos a um estado de ruptura completa.

Vale lembrar que a lei deve tratar todos os indivíduos igualmente, e não grupos minoritários, por isso esse apagamento da individualidade dos cidadãos também representa uma forma de corrupção democrática.

Em países de democracia recente, como o Brasil, o problema pode ser ainda mais difícil de ser contornado. Nem todas as pessoas têm clareza do que significa liberdade de expressão, por exemplo, e porque ela importa tanto. Em países onde há impunidade, sem consequências civis e políticas para mau comportamento, as pessoas tendem a aprovar o método da justiça com as próprias mãos, e certas ações podem ser admitidas como mais uma forma de justiça social.

Nem todos percebem que os abusos de poder hoje cometidos por grupos *woke* podem vir a ser legislados e a se tornarem mandatórios. A criação de leis contra crimes de ódio (especialmente, se o que define ódio é vago e maleável), vitórias legais em tribunais que deixam um rastro de precedentes a favor de certos grupos e políticas ou programas governamentais inspirados em políticas da ideologia da Justiça Social Crítica configuram um atentado à democracia, pois justiça para alguns grupos, em detrimento de outros, não é justiça.

Por exemplo, se uma lei determina que a pessoa pode ir para a cadeia por causa de transfobia, mas o conceito de transfobia é indefinido e passa pela subjetividade daquele que diz sofrer transfobia, as pessoas passam a ser reféns do Estado. No desejo de evitar problemas legais, as pessoas se isolam e restringem as suas próprias liberdades, o que por si já seria um atentado contra a democracia, como podem corromper o seu caráter, como será discutido em "corrupção do caráter."

É uma intrusão nos direitos dos indivíduos, que são forçados a adotar pós-verdades que diferem daquilo que eles acreditam ser verdade. O que vemos é uma maior demanda pela intromissão do Estado, para que ele garanta, através de leis e programas oficiais, mais privilégios para determinados grupos. E isso, mais uma vez, é antidemocrático.

CORRUPÇÃO DA LINGUAGEM

Em *Politics and the English Language**, George Orwell afirma que "nossa civilização está decadente e a nossa linguagem, segundo o argumento, deve inevitavelmente partilhar do colapso geral". Ouvimos frequentemente que a língua é viva, uma forma poética de dizer que ela está sempre em mudança. Porém, assim como um vírus, a língua não tem um metabolismo próprio, ela depende de um "hospedeiro" para continuar viva.

Nós, seres humanos, estamos em constante adaptação. Os tempos mudam, novas terminologias surgem para explicar sensações, dilemas, problemas, perguntas, antes não existentes, ou que ganharam novos significados. Por outro lado, como é um processo de expansão e retração, outros vocábulos entram em desuso, por terem se tornado inapropriados, impopulares ou porque perderam o seu sentido em uma determinada época.

As pessoas que se recusam a adotar novas adaptações são acusadas de arcaísmo: apegadas à velharia, presas ao/no passado. Pode ser

---

* Traduzido como Política e a Língua Inglesa.

o caso em algumas situações, todos nós conhecemos vocábulos que foram populares quando éramos crianças, e que hoje, se ditos em uma roda de conversa, revelam imediatamente a idade do narrador. É compreensível que tenhamos apego por palavras e expressões que fizeram parte de um tempo especial em nossa vida. Logo, algumas vezes, não queremos mudar por medo do novo, por desconforto ou mesmo por saudosismo, sentimentos com os quais precisamos lidar a fim de possibilitarmos a expansão do nosso horizonte linguístico.

Todavia, isso não é o mesmo que dizer que todas as mudanças fazem sentido, tampouco que devam ser adotadas sem nenhuma avaliação crítica de sua relevância ou suas consequências. Algumas mudanças são apenas tolices disfarçadas de progresso. Mas se poderia argumentar: o que é tolice? Quem determina o que é tolice, pois o que para alguns pode ser estúpido ou dispensável, para outros, pode ser extremamente relevante e perspicaz, e o exemplo mais colérico do nosso tempo é a tentativa de emplacar novas regras pronominais, o que discutiremos em breve.

A língua é um elemento central na cultura de um povo. É através dela que se comunicam ideias que podem mudar o mundo para melhor ou para pior. É através dela que se transmite sentimentos como luto e amor, que se defendem argumentos políticos com potencial de convencer ou dividir multidões, que se intercedem por inocentes e sentenciam acusados, logo, é compreensível que a língua seja um dos primeiros focos de ataque de qualquer movimento que vise remodelar as estruturas e instituições sociais, como o *wokeísmo*. A língua ajudaria, nesse sentido, a pavimentar um certo tipo de propósito, e a conformar tipos de mentalidade.

Um dos componentes desse declínio linguístico é a imprecisão. Por exemplo, embora palavras ou expressões como neoliberalismo, fascismo e racismo sistêmico sejam incrivelmente populares, a maioria dos locutores é incapaz de prover uma definição clara do que esses termos significam. Se um termo tem diferentes significados dependendo de quem fala (e de quem ouve), a língua perde parte da sua capacidade instrumental para descrever a realidade ao seu redor. Uma pessoa que se identifique como não binária, por exemplo, alega não se identificar nem como homem, nem como mulher, mas o que ela está na maioria das vezes dizendo é que não se identifica com os estereótipos associados aos sexos, até mesmo porque ela não poderia saber como é se sentir algo que jamais foi, haja vista seres humanos não serem capazes de nascer com dois sexos. Quem fala e quem ouve designam diferentes significados para uma mesma palavra que nem sempre se completam, pelo contrário, são muitas vezes excludentes.

Uma pessoa que impede a outra de falar em um evento aos gritos de "fascista" falha em reconhecer que, ao assumir tal postura, age como um fascista agiria, tentando controlar o que pode ser dito. Para quem fala, claramente, fascista tem um sentido diferente. Pessoas que defendem a liberdade de expressão enquanto tentam controlar o que o outro pode pensar ou falar atribuem à expressão um sentido que se opõe à ideia original. Os progressistas atrelam a sua imagem política à ideia de defesa da justiça social, indicando que aqueles que não integram o seu grupo são antijustiça social, mas o que está sendo, na verdade, dito, é um tipo específico de justiça social, com um significado privado, particular, que pode significar justiça para alguns grupos à expensa da justiça de outros grupos, produzindo, assim, uma nova forma de injustiça.

George Orwell destaca que uma língua se torna feia e imprecisa porque os nossos pensamentos são estúpidos, mas o desleixo da língua favorece que tenhamos pensamentos estúpidos. Para reverter esse processo, é fundamental que voltemos a pensar claramente, o que significa não ceder às armadilhas deixadas por pessoas que usam essas táticas linguísticas. A regeneração política passa pela regeneração do pensamento, e a regeneração do pensamento passa pela regeneração da língua.

Essa imprecisão dos termos é aplicada de forma desonesta e intencional pelos pós-estruturalistas*, que florescem em um ambiente de relativismo e de desconstrução das verdades e dos fatos. A falta de clareza dos termos possibilita que as bordas dos significados sejam empurradas e manobradas de acordo com os interesses daquele que fala. Se ninguém sabe o significado de algo, pode ser qualquer coisa.

A criação de uma palavra extra, cujo significado é idêntico ao de uma palavra que já existe, também visa aumentar o desleixo e a imprecisão da língua. Nessa nova pauta identitária, por exemplo, novas ditas identidade de gênero e orientações sexuais foram criadas para cobrir o sentido de palavras que já existiam. O pansexual, por exemplo, é a versão mais atual do bissexual, porque só existem dois sexos/gêneros. Enquanto a maioria das pessoas seria capaz de descrever o que é bissexualidade, não podemos dizer o mesmo sobre pansexualidade. A falta de clareza dos termos e a diluição do sentido em múltiplas palavras gera imprecisão, mas produz um efeito extra: transfere certo ar de progresso, novidade e relevância.

Táticas como uso de metáforas, afirmações banais para conferir aparência de profundidade, passagens longas completamente desprovidas de significado, uso excessivo de voz passiva, ar de imparcialidade científica para julgamentos manifestamente enviesados são apenas alguns dos aparatos linguísticos usados pelo progressismo *woke*. E essas táticas são utilizadas até mesmo em textos acadêmicos.

Por sua vez, os acadêmicos comprometidos com o ativismo social trabalham não na perspectiva pedagógica do ativismo, mas apenas no

---

* Pós-estruturalistas se encontram debaixo do guarda-chuva pós-moderno, que discutimos anteriormente.

seu expediente combativo. O vocabulário produzido pela militância deve ser aprendido pelos grupos que ela diz defender:

> O feminismo negro dialoga concomitantemente entre/com as encruzilhadas, digo, avenidas identitárias do racismo, cisheteropatriarcado e capitalismo. **O letramento produzido neste campo discursivo precisa ser aprendido por lésbicas, gays, bissexuais e transexuais (LGBT), pessoas deficientes, indígenas, religiosos do candomblé e trabalhadoras.** Visto isto, não podemos mais ignorar o padrão global basilar e administrador de todas as opressões contra as mulheres, construídas heterogeneamente nestes grupos, vítimas das colisões múltiplas do capacitismo, terrorismo religioso, cisheteropatriarcado e imperialismo. (...)[33]

A atriz norte-americana Anne Hathaway disse em entrevista que *aborto* pode ser um *novo nome para misericórdia*[34]. Feto é comumente substituído por *conglomerado de células*, com o objetivo de desumanizar o ser vivo nos primeiros estágios de desenvolvimento. *Obesidade* se tornou *celebração do corpo*, *pedofilia* é usualmente descrita como *sexo intergeracional* ou *sexo entre gerações cruzadas* por teoristas *queer*, mesmo *pedófilos* começam a ser apresentados como *pessoa adulta atraída por menor*, pois o primeiro termo seria carregado de estigma. Observem o aumento de sílabas, o excesso de termos, a construção longa de algumas frases, que poderiam outrora ser explicadas com o uso de apenas um termo.

Todas essas estratégias linguísticas são intencionalmente indefinidas e estrategicamente vagas. A criação de novos vocábulos, a proliferação de sentidos, a dúvida provocada pelo excesso de imprecisão, o uso recorrente de aparatos como figuras de linguagem (símiles, hipérboles, eufemismos) convergem para um mesmo fim: o aumento do relativismo em oposição à verdade. A flexibilização dos termos permite acomodar não apenas novos sentidos, mas também criar novas verdades, gerando espaço para manobras escatológicas que visam desestabilizar o tecido social. Por exemplo, a queda do termo transexual e a popularização no novo termo transgênero traduz a intenção de um movimento que visa trazer abaixo as estruturas sociais baseadas em sexo. Sexo biológico é binário e imutável, e historicamente bem documentado pelas Ciências Biológicas. A materialidade biológica de um ser humano pode ser observada, replicada e catalogada. Se analisarmos dez, cem, mil, um milhão de seres humanos, chegaremos às mesmas conclusões independentemente do tamanho da amostra. Isso revela a robustez do dado, e desconstruí-lo seria um atentado contra a racionalidade. O gênero, por sua vez, é manobrável. É um conceito relativamente novo, há diferentes correntes de pensamento com diferentes interpretações, não é particularmente observável, logo, permite espaço para manobras de sentidos. O que é mais fácil, manusear um caminhão em um estacionamento completamente vazio ou cheio de carros? Quanto mais espaço para manobras, melhor para o *wokeísmo*. Portanto, a substituição de transexual para trasnsgênero não parece ter sido apenas uma tentativa de imprimir um ar de progresso ao novo termo, mas visa também flexibilizar o sentido da palavra, criando espaço para novas verdades, a começar pela ideia de que é possível transicionar de um gênero para outro, o que jamais poderia ter sido conquistado com o termo transexual, já que não é possível transicionar de sexo. Veja que sexo e gênero passam a apresentar dois sentidos distintos, a criação de novos termos para representar palavras que já existiram visa, mais uma vez, aumentar o espaço para interpretações e definições. Mas ao mesmo tempo em que sugerem significados diferentes para sexo e gênero, como duas entidades separadas e desconexas, sexo e gênero são usados também de forma intercambiável, como se fossem a mesma coisa, dependendo do contexto, e da intenção do narrador, usando mais uma tática linguística comum: o *duplipensamento*.

Segundo George Orwell, que cunhou o termo no livro 1984, *duplipensamento* consiste na presença simultânea de duas crenças ou opiniões contrárias que se anulam reciprocamente, um problema de lógica, que pode ser observado em vários exemplos citados aqui. O *wokeísmo* tem grande suporte em teorias pós-estruturalistas, portanto, faz sentido que a corrupção da língua faça parte deste projeto. Para eles, a língua não apenas descreve a realidade, ela cria novas realidades/verdades. Ao apagarmos uma palavra com uma borracha, geralmente, visamos escrever algo em seu lugar. A corrupção da linguagem, através do apagamento e da reescrita de termos, atua como precedente para a corrupção do pensamento. O que se objetiva é a remoção da capacidade de articularmos ideias em torno dos termos deletados. Será cada vez mais difícil estruturar ideias em torno de palavras que estão sendo apagadas hoje, porque na ausência de vocábulos que um dia expressaram e representaram essas ideias, teremos dificuldade de concatenar o pensamento e racionalizar o nosso argumento. Ao apagarem a palavra mulher, por exemplo, apagam a própria existência do que um dia se conheceu como mulher. Evidente, essa é a herança para as próximas gerações, e, por isso, o foco é no futuro. Em 10 anos, dicionários com novas edições apresentarão novas definições. Essas novas descrições serão ensinadas nas escolas, repetidas nas redes sociais, publicadas em livros, normalizadas através de filmes e séries de televisão, e a definição que um dia se conheceu ficará cada vez mais distante e difícil de enxergar com clareza. Nasce uma nova verdade, e esse é o poder do apagamento de palavras. Não é exagero estimar que a nova geração não saberá se comunicar com o passado quando essa nova realidade linguística criada superficialmente for instalada.

Além do apagamento e da remodelação de certas palavras, vemos também uma tentativa de expansão de vocabulário, com a criação de novos termos que visam dar legitimidade às ideias antes existentes apenas no campo ideológico, e, para esta tarefa, a universidade tem atuado como braço direito do ativismo *woke*, ao emprestar autenticidade científica a ideias não científicas, como discutiremos no tópico sobre "corrupção da ciência".

É importante também destacar que a corrupção da linguagem se dá, basicamente, através do anti-intelectualismo. Nós poderíamos dar tantos exemplos que, certamente, aborreceriam o leitor. Então, vamos utilizar o espaço para mostrar um exemplo que sempre ganha destaque nas redes sociais e no debate público atualmente: **sinalização do poder ofensivo das palavras**. Judith Butler[35] argumenta o seguinte sobre esse tópico: "(...) Assim como as feridas físicas resultam em efeitos psíquicos, as feridas psíquicas afetam a *doxa* corporal, que viveu e registrou corporalmente um conjunto de crenças que constitui a realidade social."[36]

Acompanhando a premissa de Butler em nome da conscientização social, ativistas *woke* usam redes sociais para manifestar o potencial poder ofensivo do discurso. Se há racismo/preconceito/homofobia na etimologia das palavras ou não, é um mero detalhe; o importante é fazer com que a realidade caiba dentro da narrativa, não o contrário (aliás, segundo a cultura *woke*, se a realidade contraria a narrativa, a realidade provavelmente deve estar errada).

Não é incomum vermos por aí jovens militantes informarem quão ofendidos ficaram com o uso de palavras como "denegrir" que, como se sabe, não possui origem racista. Em 2021, uma parlamentar publicou em sua rede social[37] que a palavra "travestido" surgiu para reforçar a discriminação que as travestis sofrem e, portanto, deveria ter seu uso suspenso. A palavra "travestir" vem do italiano *travestire* e tem sua origem no século XVI, como a pintura Mona Lisa, que recebeu uma torta na cara de um visitante "ambientalista" no Museu do Louvre em 2022[38]. Travestido é todo aquele que usa roupas daquilo que não se é; disfarçado, dissimulado etc. Segue um exemplo: **uma casa foi assaltada por um bandido travestido de carteiro**. Ninguém sensato conectará o ocorrido a travestis. Na passagem do italiano para o francês, o verbo "travestir" ganhou sentido figurativo e, por sua vez, na passagem do francês para a língua portuguesa, passou a ser sinônimo de "dissimular" ou "mascarar". Portanto, atribuir a palavra "travestido" a "travesti" é inadequado e erro etimológico.

Em 26 de maio de 2022, um jornalista de TV — um homem branco — sentiu-se em condições de atuar como o paladino da justiça social e constrangeu ao vivo, sem a menor cerimônia, uma colega que utilizou a palavra "denegrir"[39]. A atitude do jornalista, ainda que seja marcada pela aura da boa intenção, é apenas mais uma ação proveniente da cultura *woke*.

Essa cultura tem a audaciosa pretensão de mitigar as desigualdades sociais no plano simbólico. Para tanto, aposta em reformar vocábulos registrados em língua portuguesa, de maneira a evidenciar (ou inventar) sua etimologia racista. Palavras ou expressões como "denegrir", "criado-mudo" e "fazer nas coxas" são alguns exemplos.

A palavra "denegrir" vem do latim *denigrare*. Seu significado é **manchar**. A sua origem romana não faz referência à cor da pele de seres humanos. Quando dizemos que uma instituição foi denegrida, estamos fazendo referência às manchas simbólicas que determinado ato causou. Segue um exemplo: "A universidade gaúcha permite que alunos usem maiô em seus espaços internos, o que denigre a sua imagem perante a comunidade acadêmica global." De novo: ninguém sensato entende que a universidade está mais negra no exemplo dado; a cor da pele dos indivíduos de maiô é irrelevante, pois sabe-se que o que macula é o uso de trajes de banho num ambiente institucional.

O ativismo *woke*, no ímpeto de promover justiça social, concebe abstrações e esquemas teóricos que servem, apenas, para obstruir a comunicação, obrigando todos os falantes a se censurarem prematuramente para não causar ofensa involuntária. Mesmo que seja provado o equívoco — como é o caso da origem das palavras "denegrir" e "travestir" —, os ativistas *woke* recusam-se a ceder, provando, mais uma vez, sua vocação anti-intelectual.

A indisposição ao conhecimento é um fator extremamente curioso, pois, provavelmente, a humanidade nunca vivenciou um momento tão favorável ao aprendizado como o atual; máquinas e redes sociais estão à disposição de todos com certa facilidade. Isso nos faz lembrar de Santo Inácio de Loyola, que é considerado o maior santo do século XVI, mas não gostava de estudar. Santo Inácio sabia que Deus tinha confiado a ele um profundo conhecimento das ciências divinas, necessário para desenvolver sua missão e fundar a Companhia de Jesus. O domínio das Ciências Humanas, contudo, não era seu ponto forte. Em razão disso, entendeu que precisava de uma educação formal para estar melhor instruído antes de se dedicar a outras almas. Santo Inácio precisou voltar à escola para aprender assuntos básicos, como gramática. E, como na época não havia educação de jovens e adultos, ele ficou sem saída e precisou se juntar, aos 33 anos, a alunos mais jovens que ele. Humildemente, reconheceu suas limitações instrucionais e pediu ao professor: "Peço-lhe, mestre, que me considere como uma criança, me trate como tal e me castigue severamente, sendo preciso, para me tornar mais atento e mais estudioso!"[40] Santo Inácio passou dois anos frequentando a escola em busca do aprimoramento de sua intelectualidade.

O movimento pela busca do aprimoramento intelectual parece estar fora de moda na contemporaneidade, especialmente entre os jovens ativistas *woke*. Se mesmo Santo Inácio de Loyola buscou aperfeiçoamento intelectual, perguntamos de onde saiu o anti-intelectualismo contemporâneo? Por que o ativismo parece tão divorciado da intelectualidade e da busca por aprimoramento?

É correto (e justo!) considerar que há intelectualidade fora do ambiente acadêmico; Ailton Krenak, Nego Bispo e vários outros são a prova disso. O que parece, no mínimo, contraproducente, é afastar qualquer tipo de conhecimento desenvolvido academicamente em nome de uma autonomia e/ou soberania de indivíduos e coletivos. Esse afastamento, na verdade, sinaliza o que Hofstader[41] aponta como definição de anti-intelectualismo: uma certa desconfiança e um ressentimento acerca do que é intelectual.

A maior consequência do anti-intelectualismo é o autoritarismo político (isso foi visto na Alemanha e na União Soviética). A história brasileira mostra que a nossa educação é carente de projeto de desenvolvimento central. A onda anti-intelectualista, potencializada pelas redes sociais e pelo ativismo social contemporâneo, faz sucumbir qualquer iniciativa independente com finalidade educacional. A desmoralização da vida intelectual e a asfixia oferecida a quem insiste em permanecer empreendendo nela parecem constituir um plano social mal formulado com objetivos questionáveis.

A teórica feminista bell hooks[42] registra como o anti-intelectualismo existe no interior da comunidade negra e é frequentemente utilizado como arma na luta de classes entre negros instruídos e negros que se sentem limitados. A autora também lembra que muitos ativistas do movimento Black Power eram leitores ávidos e pensadores críticos bastante instruídos. Os escritos desses ativistas não tinham qualquer registro de anti-intelectualismo. O *woke*, portanto, inaugura dentro do ativismo social uma tradição anti-intelectual.

Disso tudo, há um fenômeno muito curioso: ao mesmo tempo que os ativistas *woke* se esforçam para serem notados como aguerridos, parecem se ofender com palavras que **não** produzem ofensa. É a máxima de criar tempestade para vender guarda-chuva! A geração "floco de neve", além de se ofender recorrentemente sem razão, enxerga vítimas em todos os lugares; é como se o mundo fosse recheado de sofredores que precisassem ser resgatados do mal... o tempo todo! Isso é uma grande distorção da realidade. É estranho que o ativista *woke*, ao negligenciar a realidade, estima que esse resgate deve ser empreendido através da mobilização da linguagem. Todo o esforço promovido pelo ativista *woke*, na verdade, é nulo para avanço de qualquer pauta social legítima porque, verdade seja dita, ninguém reside no plano simbólico; todos estamos instalados na realidade concreta das coisas. Quando fala sobre os ungidos, Sowell traz um conceito que chama de "inflação verbal", que nos permite compreender a dinâmica *woke*: os ativistas inflacionam o discurso ao transformar problemas cotidianos em crises ou traumas. Substantivos como homofobia, transfobia, violência e opressão (e seus correspondentes adjetivos) são usados com o sentido original e com o sentido oferecido pela inflação verbal (que pode ser qualquer coisa!). Por exemplo, é comum vermos pessoas que divergem do discurso proeminente na agenda do ativismo LGBTQIA+ serem classificadas como transfóbicas ou homofóbicas. Essas classificações também são aplicadas a pessoas que cometem agressões físicas a pessoas trans e homossexuais. O primeiro grupo de classificação é fruto da inflação verbal propagada pelos ungidos. Seu efeito indireto é reduzir a credibilidade das verdadeiras denúncias do segundo grupo de classificação.

CORRUPÇÃO DA CIÊNCIA

As universidades são consideradas um projeto modernista guiado pelas lanternas do Iluminismo. A defesa da ciência, do objetivismo, da verdade e das regras do método científico sempre pautaram essas instituições, por isso, é fascinante a forma como as ideias pós-estruturalistas e pós-modernistas se tornaram tão predominantes no espaço acadêmico, em especial, no campo das Ciências Humanas e Sociais. Conceitos como simulacro, hiper-realidade e diferença visam desestabilizar e confrontar conceitos como presença, verdade, certeza, significado e ideias, que estão no centro do trabalho intelectual.

Tendo em vista que a maioria dos professores universitários do campo das Ciências Humanas e Sociais se considera politicamente de esquerda — o que é visível ao caminhar pelo *campus*, frequentar uma reunião de sindicato ou de departamento —, e que o pós-modernismo floresce a partir da discussão da disrupção e da desconstrução das chamadas hierarquias sociais opressoras, faz sentido que professores universitários tenham se inclinado a adotar esse arcabouço teórico como "novo correto".

Há uma ideia jesuítica em torno da carreira docente. Assim como médicos, professores não são considerados profissionais que apenas cumprem uma carga horária e recebem um pagamento por isso. Professores são considerados escolhidos, destinados, chamados para um projeto maior, o qual eles estariam dispostos a cumprir com coragem e perseverança, a despeito da pouca valorização da profissão e do baixo salário. "Ela nasceu para ser professora", você provavelmente já ouviu essa frase.

É uma das razões pelas quais sindicatos de professores manifestam constante repulsa à implementação da política de responsabilização, que é vista como de direita e "neoliberal", seja lá o que esse termo queira dizer, e porque impera a ideia de chamamento, convocação e ungimento. Nesse contexto, professores não precisam "prestar contas", pois suas intenções são sempre claramente a favor dos alunos, mesmo que seja à expensa do seu próprio bem-estar ou das suas ambições pessoais.

Portanto, domina o imaginário de muitos a ideia de que professores sempre colocam os interesses de seus alunos acima de quaisquer outros interesses, mesmo individuais. Por exemplo, quando professores fazem greve, geralmente, o slogan imortalizado pelos sindicatos é "pela educação pública, gratuita e de qualidade", ou seja, estamos fazendo essa greve para os alunos, visando os interesses dos alunos, mesmo que a greve dure mais de três meses, alunos fiquem sem aulas, atrasem o calendário acadêmico, tenham o cumprimento do currículo prejudicado, suas rotinas familiares alteradas e que não tenham acesso a uma refeição escolar diariamente. Mas a narrativa persiste, é pelos alunos...

A fábula é construída em torno da ideia do sacrifício, o que nem sempre corresponde à verdade. Evidente, sabemos que ser professor no Brasil não é tarefa para covardes, pelo contrário, requer disposição e habilidade para lidar de forma criativa com insuficiências de toda sorte, e com um aparato burocrático pouco desenvolvido. Porém, ser professor não é um chamado religioso, é apenas mais uma profissão, e, como em qualquer profissão, há embates políticos dentro e fora do ambiente de trabalho. A obtenção de um diploma de licenciatura não é um atestado de voto sagrado; é um certificado de habilidades.

Evocamos esse exemplo para mostrar que, como qualquer outra profissão, há interesses pessoais e políticos em jogo, no caso da profissão docente, marcadamente ideológicos, também. Professores que adotam uma visão política de esquerda tendem a estudar, pesquisar e disseminar essa visão em sala de aula, seja pela ocupação de ementas quase exclusivamente composta de autores de esquerda, seja pela discussão dos textos adotando uma visão de verdade ou superioridade científica, seja pela ausência de autores que contraponham ou desafiem os autores que reverenciam. E isso é feito com contornos de crítica social. A preferência política de um professor, em geral, derrama-se para a forma como ele leciona, como ele pesquisa e como ele se relaciona com as autoridades educacionais e com os seus alunos.

É evidente que professores têm direito a ter uma posição política de preferência, o contrário não está sendo dito aqui. Todavia, da mesma forma como o Chefe de Estado brasileiro pode ser religioso, mas no exercício da sua função, precisa garantir a laicidade do Estado, assim também, os professores devem se esforçar para rever as suas práticas, e corrigir o eixo, se necessário. Suas preferências ideológicas não devem adentrar a sala de aula e, caso isso aconteça, há de se enfatizar que se trata de uma opinião, uma preferência pessoal e que os alunos são livres para discordar, sem a aplicação de sanções, tanto oficiais, como a remoção de alunos da sala de aula, quanto em atos subliminares, como correção enviesada de provas ou trabalhos finais.

Dessa forma, entende-se como as ideias do marxismo ocidental, e as ideias do pós-modernismo/pós-estruturalismo ganham destaque acadêmico e passam a ser adotadas como novas verdades em alguns núcleos de estudo. Tais correntes, cada uma à sua forma, categorizam pessoas, elegem grupos opressores e consideram que suas instituições ou seus sistemas precisam ser trazidos abaixo. Elas também propõem uma ideia de retomada e revolução, logo, é entendível o apelo teórico que essas correntes possuem para professores, já que impera a noção de que educação é um ato político de transformação ou revolução. Essas ideias estão no coração da cartilha *woke*, logo, a universidade se torna um espaço fértil para proliferação de grupos de estudos dedicados a elas. Mas o problema parece ser mais complexo.

O processo pelo qual chegamos a este estado caótico de corrupção científica não é linear, nem parece haver um culpado isolado. Devemos considerar ainda que no campo das Ciências Humanas e Sociais predominam estudos qualitativos de baixo rigor metodológico. Ensaios, estudos observacionais e estudos de caso representam a maioria dos trabalhos publicados neste campo do conhecimento, e estes tipos de pesquisa se encontram na base da pirâmide hierárquica de relevância, rigor e qualidade científica. Por que isso ocorre? Uma das possíveis razões seria carência de treinamento metodológico aprofundado, e, onde não há rigor de método, proliferam-se pequenos deslizes e enviesamentos que podem comprometer o resultado das pesquisas.

Enquanto um treinamento mais elaborado sobre o método científico pode mitigar parte dessa intrusão ideológica, o contrário também é verdade: quanto mais "frouxo" o desenho de uma pesquisa, mais espaço para manobras e inserções ideológicas, e para citação entre compadres sem a menor demanda por evidências ou esclarecimentos.

Devemos acrescentar que devido à natureza de baixa qualidade destes estudos, os resultados não podem ser generalizados, logo, pouco proveito se faz do dinheiro público, pois estes estudos não podem ser usados para informar políticas públicas que façam diferença na vida das pessoas, que, via de regra, sustentam a maquinaria pública do ensino superior através da coleta de impostos. É o dinheiro público usado para promover conversas para amigos e entre amigos, sem um fim em si mesmo, apenas pelo prazer da discussão, configurando uma mistura de hedonismo e egoísmo acadêmico difícil de combater.

Apresentamos até agora dois problemas: a posição político-ideológica do docente que pode se mesclar à sua prática, e a falta de treinamento metodológico, que, quando combinados, criam toda sorte de estudos malconduzidos, com resultados duvidosos e de baixíssima relevância para quem paga as contas da universidade pública. É o ambiente perfeito para que ideias pós-modernistas, um dos alicerces teóricos do pensamento *woke*, ganhem espaço. Mas o problema não cessa por aqui.

Há um ditado que circula no meio acadêmico desde os anos 1950[43], cuja tradução seria "a política acadêmica é a forma mais cruel e amarga de política, porque os riscos são muito baixos". Em um ambiente no qual as pessoas não têm nada a perder, elas passariam a se sentir confortáveis com a crueldade e a sordidez. As picuinhas universitárias, geralmente, começam nos corredores dos prédios, e raramente atravessam os portões dos *campi*, sem grandes consequências fora dele, inclusive, políticas. O nível de responsabilização é baixo, até mesmo financeiro. Nem sempre há um comprometimento coletivo de uso eficiente do dinheiro público e, de preferência, com frutos retornáveis e aplicáveis para a sociedade, sobretudo no campo da pesquisa. E isso é problemático se pensarmos o quanto a maquinaria do ensino superior no Brasil consome os recursos financeiros da pasta educacional em comparação aos recursos destinados à educação básica, embora abrigue um número infinitamente menor de alunos.

É um microambiente muito específico com problemas bem particulares: disputas por financiamento e por espaço convivem com disputas por ideias e egos, e os bastidores das reuniões nem sempre são marcados por cortesia e respeito mútuo. Vale ressaltar que, novamente, nem sempre os interesses dos alunos prevalecem nessas disputas. Já presenciamos inúmeras vezes decisões sendo tomadas na base de desavenças, ou como efeito colateral de discordâncias políticas inconciliáveis. Uma de nós já presenciou uma aluna pobre que jamais teria viajado para fora do seu próprio Estado, tendo uma bolsa internacional negada, apenas porque a bolsa era concedida através de um edital externo oferecido por um banco. A professora marxista que compunha a comissão se recusou a assinar, porque considerava que, ao fazer isso, estávamos "vendendo" a universidade pública para corporações neoliberais. Malditos neoliberais, e seus editais externos, e suas oportunidades de aprendizagem com tudo pago! Vemos aqui como posições ideológicas podem e interferem nos afazeres acadêmicos, não apenas em sala de aula, mas também na forma como os processos administrativos são conduzidos em diferentes departamentos.

Em outro evento, vimos uma bolsa sanduíche* com duração de doze meses ser repartida entre quatro alunos, fraudando o edital publicado depois de todo o processo de avaliação ter sido conduzido. O

---

* Doutorado-sanduíche refere-se a estágio doutoral realizado no exterior por aluno regularmente matriculado em cursos de doutorado reconhecidos pela Capes, principal agência de fomento à pesquisa no Brasil. O termo "sanduíche" refere-se a analogia com o lanche: primeira parte do doutorado é cursada no Brasil (seria a primeira fatia do pão do sanduíche); o estágio no exterior seria o "recheio"; e, a última parte do doutorado é concluída no Brasil (seria a segunda fatia de pão do sanduíche).

trabalho intelectual desta aluna não apenas não foi reconhecido e recompensado, como também foi punido, ao ser obrigada a ceder parte da sua bolsa para outros alunos. Isso resume o pouco apreço que a universidade tem pela padronização dos procedimentos, contanto que eles acreditem que estão fazendo justiça social. É a tentativa da universidade de promover equidade, mesmo que seja à custa da qualidade da educação (como pesquisar por apenas três meses?) e do mérito alheio. Prejudicamos uma aluna, mas fizemos o bem a outros três, dando oportunidades de viagem e aprendizagem para todos! Esses casos estão longe de ser isolados, circunstâncias semelhantes se desenrolam entre paredes universitárias todos os dias.

Em especial no Brasil, onde os professores das universidades públicas acessam a carreira docente via concurso público e ganham estabilidade após o período probatório, é fácil entender como alguns professores possam adotar uma postura de acomodação e desinteresse pelo fazer educacional, ou como podem desenvolver complexo de superioridade e ser desagradáveis na atuação da sua função, ou criar feudos baseados em suas posições político-ideológicas. Em todos os casos, não haverá maiores repercussões, pois os riscos são baixos, o que acontece na universidade, fica na universidade. Dos portões para fora, a sociedade permanece alheia a todas essas disputas acirradas, e ao exercício de micropoderes que fazem parte dessa bolha mágica.

Bem, esse não parece ser mais o caso. Não podemos mais dizer que a política universitária é cruel porque os riscos sejam baixos. A história nos revela que ela é cruel porque os riscos são colossais. As doutrinas que compõem a cartilha *woke* "escaparam" do microambiente universitário e penetraram em todas as instituições e estruturas sociais, inclusive, através da criação de leis, projetos e programas baseados nas suas ideias. Ao que parece, os riscos são mesmo grandes.

A experiência do aquário universitário foi tão frutífera, que agora vemos esses grupos tentando expandir as suas ideias para outras esferas sociais. Ao se graduarem, os alunos partem para o mar aberto do mercado de trabalho, onde tentam impor o mesmo estilo de vida e conjunto de ideias que estavam acostumados a ter em suas bolhas universitárias.

Devemos considerar o papel central da tecnologia, com as empresas de plataformas de redes sociais controlando a narrativa. Em *A loucura das massas: Gênero, raça e identidade*, Douglas Murray afirma como as redes ou plataformas sociais têm o poder de direcionar o que as pessoas sabem, pensam e falam, e que elas ajudam a modificar comportamentos humanos. Ideias *woke* são impiedosamente espalhadas via contágio social e reforma do pensamento nas diferentes redes sociais. Sem plataformas on-line, o *wokeísmo*, provavelmente, não teria sido tão bem-sucedido.

Theodor Adorno, um dos teóricos da Escola de Frankfurt, já alertava que a nossa relação com as novas tecnologias feria a nossa intelectualidade, nossa capacidade de discutir racionalmente, posto que elas permitiriam a proliferação de uma determinada cultura de massa, facilitando assim a implementação de ideologias nas consciências dos indivíduos[44], ou seja, para o autor, os meios de comunicação de massa seriam uma espécie de mercadoria utilizada a favor da classe dominante.

Voltemos às universidades, como essas bolhas acadêmicas se formaram? No ensaio *Free Speech and the Modern Campus*, Camille Paglia destaca que um dos erros das universidades foi permitir que departamentos com estudos de nicho desconectados dos estudos tradicionais se proliferassem ao longo dos anos. Esses grupos trabalharam enclausurados em seus compartimentos, e os produtos do seu trabalho acadêmico apresentam uma visão isolada, singular e de pouco ou nenhum diálogo com campos mais abrangentes do conhecimento. Isolados e sem referência do que outros grupos estudaram, passaram a ver o confronto de ideias e o teste das suas teorias como ameaça ou ofensa. Nesse cenário, fizeram a travessia perigosa de disciplina para ideologia e se tornam como igrejas, e um bom exemplo disso é o culto a Michel Foucault.

Um pesquisador que frequente apenas grupos de pesquisa dedicados à sua corrente de pensamento favorita, que participe de conferências e colóquios destinados a discutir apenas os seus autores prediletos, ou que se relacione apenas com outros professores/pesquisadores que leiam os mesmos teóricos, perderia, segundo Paglia, a noção da estrutura sócio-histórica na qual está inserido, e, de certa forma, inibiria a liberdade de expressão e a diversidade de pensamento, posto que iria se acostumar a ler, falar e ouvir apenas o que lhe agrada, encorajando um ambiente anticientífico, antiacadêmico e antidemocrático.

Para a autora, a solução passa por reinserir esses grupos, hoje isolados, na estrutura mais abrangente do campo do conhecimento a que pertencem. Um pesquisador que se dedique a estudar a obra de Jacques Lacan deveria, nessa perspectiva, dialogar com pesquisadores de outras correntes de pensamento, e se inserir em campos mais gerais, como Sociologia e História da Psicologia, em vez de encorajar uma abordagem de estudo aleatória e fragmentada.

Ela acrescenta ainda que as universidades deveriam promover e financiar eventos com temas importantes, controversos e sensíveis, e encorajar que todas as posições teóricas tenham espaço. Atitudes de perturbação da liberdade de expressão devem ser punidas com sanções acadêmicas.

As universidades não devem policiar o discurso, porém, ser livre traz responsabilidades. O direito de ser livre para se expressar não deve interferir nos direitos do outro de falar ou ouvir. Alunos podem se opor a um determinado tema escrevendo colunas políticas em blogs ou jornais acadêmicos, opinando em rádios ou *podcasts* universitários, mas não podem perturbar o direito do outro de expressar ideias, por mais que as desaprove.

Historicamente, as universidades foram concebidas para serem espaços que acolhem controvérsias, como parte do processo de construção e de reprodução do conhecimento científico. A tradição do *disputatio*, por exemplo, ilustra isso. Durante o período renascentista, universidades europeias adotaram a prática do *disputatio*, que visava manter o aluno intelectualmente afiado através do desafio da sua capacidade argumentativa e do confronto de ideias. O *disputatio* jamais teria espaço na cultura acadêmica atual, pois seria considerado agressivo e ofensivo.

A cultura acadêmica do não confronto de ideias adotada pelos nichos isolados foi transmitida para os alunos, que foram levados a acreditar que podiam criar seus próprios aquários de ideias e viverem em seus clãs isolados, sem serem desafiados intelectualmente. Por isso, quando se veem diante de uma situação de discordância, ficam frustrados, ofendidos e se sentem violentados, pois palavras se equiparam à violência física.

No livro *Teorias Cínicas*, Pluckrose e Lindsay ressaltam que o tribalismo de certos grupos é tão evidente, que seus membros teriam desenvolvido até mesmo uma língua própria, como alertas de gatilho, espaços seguros, microagressões, colorismo, privilégio branco, linguagem inclusiva, TERF*, opressão sistemática, igualdade de resultados, genocídio cultural, decolonização, pessoas que menstruam, sexo designado no nascimento e outras pérolas que corroboram o paradigma da mentalidade de vitimização. O livro *The Dictionary of Woke: How Orwellian Language Control and GroupThink are Destroying Western Societies*, do autor Kevin Donnelly, faz um passeio interessante por esses termos discutindo como o controle linguístico usado por certos

---

* Sigla em inglês que significa Trans Exclusionary Radical Feminist, traduzida como Feminista Radical Trans Excludente. Em prática, aplica-se a qualquer mulher que considere que um homem não se torna mulher pela força do seu desejo.

grupos está destruindo as sociedades ocidentais, e, nós acrescentamos, corrompendo a ciência também.

Essas pessoas parecem estar em busca de um novo tipo de pertencimento identitário devido à inclinação humana por procurar sentidos. Em *A loucura das massas: Gênero, raça e identidade*, Douglas Murray complementa que todas as grandes narrativas do mundo colapsaram, ora porque foram refutadas, por terem se tornado impopulares, ora por serem hoje indefensáveis. Jovens por todo o mundo ocidental estão menos religiosos, de acordo com censos nacionais. Dados publicados pelo *Office of National Statistics*[45] revelam que houve um aumento de mais de 10% de pessoas se identificando como não religiosas na Inglaterra e no País de Gales, o que representa mais de 8 milhões de pessoas. Estariam as pessoas em busca de diferentes explicações para a sua existência e em busca de novas formas de adesão social? Pois vemos frequentemente que certos movimentos apresentam um formato que se assemelha ao de culto, como existência de um grupo identificável e aderência a um código, no qual o deus é a ideologia que tanto cultivam como verdade.

Mas a pergunta persiste: como tudo isso se tornou acadêmico? Em concomitância ao definhamento das explicações religiosas, as grandes ideologias políticas do Ocidente também não parecem ter se sustentado por muito tempo, deixando as pessoas carentes de sentido, de significado e de explicações. Inaugura-se um período fecundo para a ascensão de ideias que questionam essas grandes narrativas, inclusive, a narrativa científica, como discutiremos a seguir.

As universidades públicas sempre abraçaram certas causas políticas em detrimento de outras. As ideias marxistas clássicas, por exemplo, embora não tenham se popularizado no Ocidente de forma abrangente, fazem sucesso até hoje em certos nichos universitários, que tentam preservá-las intactas como um escrito canônico iluminado.

Certas ideias não são bem-vindas, principalmente, se desafiam a narrativa predominante de equidade, diversidade e inclusão, que devem fazer parte da missão da universidade a qualquer custo. Apresentar ideias desafiadoras te projeta ao posto de vilão, e expande a sua lista de inimigos políticos, posto que seria considerado uma traição com aqueles que mais necessitam de proteção: os mais vulneráveis e oprimidos pelo sistema, seja lá o que se entende por sistema ou oprimidos — os termos imprecisos fazem parte da agenda.

A universidade passa, então, a fazer justiça social com as suas próprias mãos, criando um ambiente ideal para pôr em prática teorias antes idolatradas apenas nos porões dos departamentos ou em conferências acadêmicas. É óbvio que, essa conjuntura se torna um verdadeiro fertilizante para que ideias que objetivam romper com uma possível hierarquia de poder opressora ganhem visibilidade. Isso ajuda a explicar como a Teoria Crítica da Escola de Frankfurt e as ideias pós-modernistas e pós-estruturalistas ganharam tanta relevância no espaço acadêmico.

Como já mencionamos, as bordas do marxismo clássico estão exibidas na Teoria Crítica, embora a estrutura do poder econômico tenha sido expandida para outras formas de conflito, incluindo conflitos de identidades e grupos minoritários. A Escola de Frankfurt, ou Teoria Crítica, deixou de ser uma escola filosófica de pensamento e se tornou disciplina, que se infiltrou em grande parte dos campos do conhecimento: Sociologia, Antropologia, Educação, Filosofia, Linguística, Direito e, de forma mais audaciosa nos últimos anos, nas Ciências Exatas e Biomédicas.

Nesse contexto de desmascaramento dos sistemas dominadores e de questionamento da normatividade, muda-se, também, a forma como o método científico é definido. Passa-se a questionar o que é teoria e a adoção da perspectiva cartesiana na conduta do método. Passa-se a questionar o que é tratado como evidência e conhecimento, logo, passa-se a questionar a própria ideia de verdade científica.

PRINCÍPIOS E MECANISMOS DE OPERAÇÃO DO ATIVISMO WOKE

A Teoria Crítica rejeita a verificação dos fatos via método empírico, posto que ela demandaria a observação objetiva dos fatos, o que para a Teoria Crítica, não seria possível, pois somos o resultado das nossas experiências contidas por um sistema de dominação, que ajuda a moldar a nossa racionalidade, as nossas posições ideológicas, e que manipulam ou contaminam o nosso modo de ver o mundo. Para eles, o próprio conhecimento estaria inserido em um contexto sócio-histórico, logo, tal objetividade não poderia ser acessada. Na prática, como podemos inferir dados se a forma como coletamos, medimos e analisamos está contaminada pelas lentes da nossa percepção? Você já consegue reconhecer o esboço de algumas ideias pós-modernistas presentes? Pós-modernismo e Teoria Crítica não são a mesma coisa, e de um ponto de vista teórico mais rigoroso, não caberiam na mesma frase, porém, o *wokeísmo* os aglutina e os entrelaça a partir de alguns pontos em comum, a começar pela ideia de que a verdade é subjetiva, pois é construída socialmente, em particular, as verdades morais, porque não são passíveis de serem provadas através do método científico. Para Stockman[46], a Teoria Crítica, o Pós-Estruturalismo e o Pós-Modernismo são eficazes como críticas ao positivismo, interrogando suposições tidas como certas sobre as formas como as pessoas escrevem e leem ciência.

Pense em algo considerado errado ou socialmente imoral pela maioria da população. É possível provar que isso é certo ou errado? A resposta para muitas perguntas provavelmente é não. Moralidade é algo que cabe a cada indivíduo decidir e, através do consenso, decidimos como sociedade que algo é execrável e deve ser abominado das condutas sociais. Podemos, também, pelo voto da maioria, instituir leis que balizam comportamentos, para garantir que tais ações consideradas imorais não ocorram. É uma conclusão que se alcança via consenso e concordância, não particularmente através do método científico. Porém, os pós-modernistas perguntariam: o elemento da moralidade existe porque depende da opinião humana ou algo seria imoral mesmo sem passar pelo filtro da percepção humana? É algo cientificamente impossível de provar.

Toda essa discussão ajuda a chacoalhar as bases do fazer científico, e se começa um intenso processo de refutação científico-cartesiana. O método científico seria contaminado pela rigidez da supremacia daqueles que estão no topo da hierarquia de dominação social: os homens brancos. A ciência seria uma extensão das verdades íntimas desses indivíduos, posto que não haveria verdades objetivamente observáveis, logo, todo o conhecimento tratado como verdade científica até hoje deve ser questionado criticamente.

Esperamos que o leitor seja capaz de conectar alguns pontos agora: se não existem verdades objetivas que podem ser observadas, logo, conceitos antes considerados objetivos como sexo biológico passam a ser vistos como construção social, daí emergem facilmente bordões como "sexo designado no nascimento", como se a resposta marcada em um cartão de nascimento fosse apenas fruto desse olhar socialmente contaminado, em vez de uma observação lógica dos fatos e da materialidade biológica do bebê que acabou de nascer.

Se todas as nossas ideias, normas, regras e verdades são contaminadas por essa estrutura de dominação, a única solução seria trazer esse modelo abaixo e construir um novo, e esse é o objetivo máximo do *wokeísmo*. A cartilha *woke* visa desconstruir todas as regras, toda forma de classificação e de categorização, pois as vê como opressivas, e nessa lista, podemos incluir os modelos de família, os papéis de gênero, classificações biológicas, padrões de beleza etc.

Se as verdades são subjetivas, a razão dá lugar à emoção, e vejam alguns sinônimos da palavra emoção: pressentimento, impressão, intuição, percepção. Ao organizar as sociedades a partir da intuição, do pressentimento e da impressão humana, teremos como resultado uma sociedade frágil e instável, pois as emoções são volúveis e de alta variabilidade de um indivíduo para outro. Na inexistência de linhas de conduta apropriadas que organizem a vida social, e de regras que tragam coesão social, cedemos espaço ao caos. As regras só existem se as verdades existem, se as verdades são subjetivas, as regras também o são. Semáforos em um cruzamento ajudam a modular o comportamento de motoristas e pedestres, e, desde que todos obedeçam às leis e os semáforos estejam funcionando adequadamente, as chances de acidentes são reduzidas. Sem semáforos, os cruzamentos seriam terrivelmente perigosos e caóticos, eles apenas se tornam inseguros quando as regras são quebradas, e basta que apenas um indivíduo tenha essa audácia para que a desordem se instale. Logo, a regra orienta, instrui e estrutura a vida social, e, sem ela, a vida humana seria um caos.

Contudo, o *wokeísmo* prospera no caos, pois o fruto do caos é a anarquia, logo, faz sentido que os *woke* tenham adotado ideias antiverdade e antirregra como suas. A ascensão da subjetividade humana no lugar do pensamento racional, como fator organizador da vida social, e o ambiente antirregra/antinormatividade proposto pelo *wokeísmo* são a combinação perfeita para desestabilizar as sociedades, que, enfraquecidas, seriam mais fáceis de serem implodidas. Por isso, vemos cada vez mais explicações circulares, o uso da exceção em vez da regra e os sentimentos humanos sendo alocados no centro dos argumentos, removendo a necessidade de uma discussão mais racional sobre diferentes assuntos, afinal de contas, o que é razão? O que é verdade?

Preceitos científicos básicos como generalização, replicação, universalidade e objetividade são questionados, ou seja, a própria natureza da evidência científica é questionada, e novamente o conceito de verdade positivista é colocado à prova. O método científico seria, portanto, apenas mais uma tradição branca, majoritariamente masculina, com discursos dominantes carregados por suas visões de mundo, limitadas pelas experiências de quem senta no topo da pirâmide do poder. Cremos que o leitor já tenha identificado mais alguns exemplos cotidianos para ilustrar o conceito de discurso, e por que quem defende esse movimento é tão focado em policiar o que os outros podem falar. E é por isso que pessoas são canceladas, quanto mais "privilegiado", menos a pessoa tem direito de expressar a sua opinião, porque a sua fala carrega uma narrativa discursiva dominadora e autoritária. Palavras ofendem, palavras maltratam, palavras oprimem e palavras criam realidades. Por isso, um homem que diz ser mulher, torna-se mulher, pelo poder prescritivo da palavra, ela altera e cria realidades para si, e as impõe para os outros.

E o escrutínio sobre o que as pessoas podem ou não falar (e consequentemente, pensar) é real. Como agentes de investigação, os guerrilheiros da Justiça Social Crítica esmiúçam cada pequena palavra, expressão, música, filme, peça de teatro, livro em busca de termos considerados homofóbicos, sexistas, transfóbicos, racistas, gordofóbicos etc., e o fazem a despeito do bom senso ou do aprofundamento do estudo da etimologia dos termos, como discutimos anteriormente. Se eu sinto que tal palavra ofende, logo, ela ofende. Emerge, assim, a necessidade da criação de *espaços seguros* nas universidades, onde certas palavras não devem ser ditas, certos autores não devem ser abordados, porque são considerados violentos. A simples presença de debatedores que divergem da narrativa *woke* passa a ser considerada opressiva.

Em países nos quais o sistema de educação superior é privado, outros fatores exercem influência em como certos conhecimentos são alastrados, mesmo que sejam anticientíficos, como temos visto recorrentemente. O fluxo de receitas, contratos, doações empresariais, doações de ex-alunos, bem como investidores diretos, podem e exercem influência não apenas nos currículos dos cursos, como na estrutura de poder universitário, com a nomeação de pessoas específicas para cargos-chave, abertura e fechamento de departamentos, cancelamento e renovação de pesquisas, e mesmo a realização de eventos, como palestras, passaria pela aprovação dessas organizações.

A Universidade de Cambridge, por exemplo, em troca de receber investimentos da organização Advance HE, fez ajustes que alteraram dramaticamente a visão e a missão da universidade[47]. No seu *website* oficial, a Advance HE afirma trabalhar "com instituições de ensino superior em todo o mundo para melhorar o ensino superior para funcionários, estudantes e sociedade", e um dos três objetivos estratégicos da Advance HE é "abordar as **desigualdades sistêmicas** e promover a educação para atender às crescentes necessidades dos estudantes e da sociedade".

Em troca dessa injeção financeira, a universidade reestruturou a hierarquia de poder, demitindo e contratando pessoas-chave, redesenhou o currículo de vários cursos com vistas a acomodar discussões que se alinhassem com os objetivos estratégicos da Advance HE, o que incluiu, até mesmo, o cancelamento de linhas de pesquisas que desafiavam a narrativa *woke* em alguns campos de estudos, como a pesquisa de James Caspian sobre a mudança do demográfico transgênero.

James Caspian, psicoterapeuta e ativista LGBT, com vasta experiência clínica lidando com a população transgênero, teve a sua pesquisa bloqueada na Universidade de Bath apenas por fazer as "perguntas erradas". Segundo ele, a estatística de pessoas que desistem ou se arrependem de transição está desatualizada, e a sua pesquisa objetivava estudar e compreender os novos dados, porém, os lobistas do transgenerismo com o apoio de alunos raivosos, conseguiram convencer a reitoria de que esse estudo não deveria ser conduzido porque era transfóbico.

Esse exemplo nos conduz ao próximo problema. Em uma perspectiva de mercado empresarial, a universidade visa acomodar os desejos dos clientes, nesse caso, os alunos. Considerando que a Geração Z compõe quase integralmente o quadro discente das universidades, e que, para eles, temas como equidade, identidade de gênero, direitos das minorias, racismo precisam ser explorados e ensinados sob a luz da única verdade que importa, a da Justiça Social Crítica, faz sentido que as universidades se rendam aos caprichos dos alunos. Em um sistema no qual alunos são clientes, um poder exagerado é conferido a eles, o que culmina em casos como o de alunos impedindo que determinadas aulas ou palestras aconteçam, com protestos do lado de fora de auditórios, bloqueio da entrada de pessoas, invasão de eventos, criando um ambiente impossível de as pessoas falarem e ouvirem.

Na Universidade de Oxford, centenas de alunos se reuniram fora do auditório tentando impedir que o evento acadêmico *Oxford Union* acontecesse. A convidada para o debate era Kathleen Stock, filósofa, escritora britânica e crítica da ideologia de gênero[48]. O debate com Stock, uma mulher lésbica que defende os direitos baseados em sexo biológico, aconteceu debaixo de gritos, bloqueios e caos. Alunos tentaram, sem sucesso, cancelar o evento, e como não conseguiram, tentaram impedir que a palestra acontecesse no dia. Sob acusações de "fascista", "transfóbica" e "nazista", a professora foi escoltada para dentro do prédio, e mesmo com o auditório fechado, era possível ouvir os gritos das centenas de pessoas do lado de fora, numa clara tentativa de impedir as pessoas de ouvirem o debate. Porém, essa não seria a primeira vez que Kathleen Stock sentiu a fúria de ativistas. Enquanto lecionava na Universidade de Sussex, um dos berços *woke* mais agressivos do Reino Unido, alunos e colegas criaram um ambiente tão hostil para Stock, que a única solução plausível teria sido pedir demissão. Em *The Corrosive Impact of Transgender Ideology**, Stock afirma ter reunido depoimentos de mais de vinte acadêmicos cujos trabalhos

---

* Tradução livre: "O Impacto Corrosivo da Ideologia Transgênero".

foram afetados por tentativas de silenciamento, vindas não apenas de alunos, como também colegas e gestores.

Em entrevista ao jornal *Le Figaro Étudiant* em 2021, o professor Peter Boghossian[49] destacou como o *wokeísmo* contaminou a esfera universitária nos Estados Unidos, onde ele leciona Filosofia da Ética, a ponto de prejudicar as atividades de ensino e pesquisa. Segundo ele, alunos se recusam a debater com pessoas que apresentem pontos de vista diferentes, e professores são ostracizados por adicionarem pensadores franceses e alemães, por exemplo, mas, lembre-se, o cultuado autor Michel Foucault, evocado o tempo inteiro pela cartilha *woke*, era branco e francês também.

Em alguns casos, após ataques vindos de alunos e petições exigindo a demissão de professores, a universidade se recusa a defender o quadro docente e os princípios liberais que envolvem o fazer científico, como a diversidade de ideias e o direito de livre-pensar, pois as universidades deveriam ser espaços para discordâncias e controvérsias, lembram do *disputatio*? Por que professores estariam sendo penalizados por pensar algo racionalmente e desejar dialogar sobre determinados assuntos?

O documento *The Corrosive Impact of Transgender Ideology* relata que a professora da Faculdade de Direito da Universidade de Reading, Rosa Freedman, sofreu abuso on-line, recebeu ligações anônimas com ameaças, teve seu escritório invadido e coberto por urina, foi chamada de nazista e ouviu que deveria ser estuprada, apenas por falar abertamente contra a proposta de Lei de Reconhecimento de Gênero que visava aprovar na forma da lei a autoidentificação de pessoas.

Você poderia pensar que tais problemas não acontecem no Brasil, mas, recentemente, vimos o caso da professora da Universidade Federal da Bahia, Jan Alyne, que foi acusada de transfobia, execrada on-line e no *campus* da universidade, apenas por ter se referido a um aluno no sexo masculino[50]. Gravações mostram o confronto entre o aluno e a professora, que teria até mesmo se desculpado pelo "deslize", mas não teria sido suficiente para encerrar a altercação. O aluno gritou "transfóbica" e "racista" pelos corredores da universidade, fez protestos dentro do *campus* e falou diante de gestores da universidade que, calados, não se pronunciaram para defender a colega de profissão, mesmo diante de provas visuais de que ela teria sido vítima de um ataque vil e sem sentido.

Nesse cruzamento perigoso, a corrupção das ideias, a corrupção da ciência e a corrupção da democracia se encontram. A degeneração se dá através do controle do que pode ou não ser debatido, estudado, pesquisado ou mesmo mencionado no *campus*. A proibição legal de falar livremente exerce impacto não apenas no campo científico, mas se estende também ao terreno da liberdade de consciência, e esse controle pode gerar dissonância cognitiva naqueles que veem suas ideias castradas, pois se veem obrigados a adotar uma visão de mundo que gera um conflito ou discrepância inconciliável com suas próprias consciências. Para não perder um emprego, um professor pode passar a defender ideias nas quais não acredita, com medo de ser cancelado ou demitido, por exemplo.

A combinação destes fatores leva a uma grave falta de diversidade de ideias e compromete um dos valores mais caros das universidades: o direito de livre-pensar. E esse comportamento anticientífico está ajudando a modelar essa nova ciência, que não precisa ser fiel às regras do método científico, pois ele seria cartesiano, objetivo e ultrapassado. Antes, o papel da ciência passa a ser de instrumento de justiça social, mesmo que os argumentos não sejam racionais e que os dados não sejam convincentes.

E esse parece ser um dos pontos-chave do pensamento *woke*: o descolamento da racionalidade humana como fator indispensável para o exercício científico, o que nos remete ao início do texto. A refutação ao objetivismo científico emerge do contexto de fazer justiça social, e da ideia de que toda a ciência produzida até o momento visa perpetuar a supremacia branca. Logo, a refutação ao objetivismo cartesiano, à lógica, à verdade, seria uma forma de combate às injustiças sociais perpetradas por esses grupos.

Com vistas a cancelar aqueles que produziram ciência no passado, homens brancos europeus, cancelam-se, também, as ideias que construíram o mundo em que vivemos hoje. Nesse entendimento, a ciência seria branca, eurocêntrica e racista, contaminada pela visão daqueles responsáveis pelos saberes científicos do passado. Aqui, vemos novamente a lógica do cancelamento sendo aplicada ao passado com o objetivo de moldar o presente e o futuro, através do apagamento de ideias importantes que explicam o mundo das coisas e dos homens. Porém, essas regras justiceiras são manobráveis, e se aplicam apenas quando convenientes, já que os autores pós-estruturalistas que frequentemente são evocados para embasar ideias *woke*, são homens brancos, muitos deles, europeus. Estes, não apenas não são cancelados, como são adorados nesse ambiente de pós-verdades, de rejeição da lógica, da razão e da materialidade objetiva do mundo, configurando mais um caso de *duplipensamento*.

Pessoas que se denominam *queer* defendem a Palestina, por perceberem o povo palestino como grupo oprimido pelas forças opressoras de Israel. Contudo, ao se alinharem politicamente ao povo palestino (mais especificamente ao Hamas, que foi promovido de grupo terrorista para resistência), deixam de observar que a Palestina é um lugar hostil a pessoas que se identificam como LGBT, com poucas chances de sobrevivência, já que pessoas gays e transgênero enfrentam perseguição, que pode resultar numa pena de prisão de anos ou mesmo em morte. Logo, "*Queer* pela Palestina" faz tanto sentido quanto "vacas pela churrascaria", pois promove o casamento de duas ideias reciprocamente excludentes, desafiando os princípios mais básicos de lógica e coerência.

Outro caso recorrente de *duplipensamento* é a defesa da liberdade de expressão enquanto se cerceia a liberdade de outros indivíduos. A Universidade de Cambridge, por exemplo, cancelou a bolsa de pesquisador visitante de Jordan Peterson em apenas 48 horas após ter sido divulgada publicamente. Alunos alegaram que o trabalho e as *opiniões* do autor não representavam o corpo discente[51], ou seja, indisfarçavelmente, disseram que o autor não era bem-vindo simplesmente porque discordavam dele. Lembrem-se, esta é a mesma universidade que passou por uma profunda reestruturação progressista para receber investimentos da Advance HE, e o novo vice-chanceler apontado para o cargo acatou a petição dos alunos. A liberdade de expressão é aplicada apenas para certas opiniões e, em defesa da democracia, cerceiam; mais um caso de *duplipensamento*.

Trata-se da incapacidade dessas pessoas perceberem a hipocrisia que move as suas ideias para a frente, embora disfarçadas de defesa dos mais vulneráveis, não passam de uma forma refinada de autoritarismo. Ironicamente, nem mesmo George Orwell, que como um profeta previu vários cenários que vivemos hoje, escapou da fúria do cancelamento. Recentemente, o autor foi acusado de misoginia, homofobia e de ter sido, algumas vezes, violento, de acordo com a autora responsável pela biografia da primeira esposa dele[52]. Essas novas atitudes refletem o sitiamento universitário que experimentamos hoje, no qual palavras e ideias ofendem, portanto, devem ser controladas e extinguidas da história.

Recapitulando, a corrupção da ciência não pode ser explicada a partir de um único fator. O alinhamento político de boa parte dos professores favorece a entrada, adesão e disseminação de ideias neomarxistas e pós-modernistas no campo científico, sobretudo nas áreas de Ciências Humanas e Sociais. Além disso, a falta de treinamento metodológico e a baixa qualidade das pesquisas publicadas ajudam a aprofundar o problema, mesmo que de forma não deliberada.

A refutação ao objetivismo científico se alastrou como fogo, como uma forma de combate à dita supremacia branca que seria reforçada através da ciência, ideia tão audaciosa que está invadindo até mesmo o campo das Exatas, com conversas como "o racismo da matemática" e coisas semelhantes.

A adesão de ideias progressistas como moeda de troca para investimentos intensifica o problema, em especial, no exterior, onde universidades privadas dependem de tais investimentos. A relação mercadológica que as instituições de ensino estabelecem com os alunos aprofunda o problema, pois a Geração Z abraçou apaixonadamente ideias progressistas, e, como cliente sempre têm razão, gestores e professores dessas instituições muitas vezes cedem à extravagância moral desses grupos.

Embora ideias progressistas sejam defendidas em nome da tolerância, a forma como ela se materializa é, muitas vezes, intolerante, pois usa táticas de coerção para eliminar a crítica e o questionamento. Suas bolhas acadêmicas explodiram via rede social e via entrada no mercado de trabalho dos alunos que se graduaram, contaminando diferentes esferas sociais e recriando o ambiente de intolerância que estabeleceram nas universidades.

No Brasil, as universidades públicas são utilizadas como veículo para "fazer justiça social". Professores, muitas vezes, compartilham suas visões ideológicas em sala de aula como verdades, ou, para sermos mais precisas, como pensamento crítico. Visões consideradas remotamente transfóbicas, racistas, homofóbicas ou elitistas são invalidadas sem a menor possibilidade de debate, pois são vistas como erradas. Evidentemente, quem determina o que é incorreto ou inadequado, o que é transfóbico ou racista, são as mesmas pessoas que desejam controlar a narrativa, e tudo isso é feito a favor da liberdade de expressão. Viva o *duplipensamento*.

O que estamos experimentando neste momento é um levante *woke*, que visa remodelar a sociedade que conhecemos, reestruturando as suas fundações através da cultura, da família, da religião e, como vemos aqui, da ciência também, e fazem isso se utilizando de diferentes tipos de corrupções.

CORRUPÇÃO DO CARÁTER

Há algumas formas pelas quais o pensamento *woke* contribui para a corrupção do caráter. A ascensão do paradigma da mentalidade de vitimização ou vitimismo, a expansão do ambiente de ultraquestionamento das verdades, incentivado pelo pós-modernismo, que visa refutar todas as verdades, sobretudo as verdades morais, contribui para a proliferação de ideias moralmente questionáveis. Além disso, a gratificação da mentira e da hipocrisia criou um exército de pessoas confortáveis com inverdades, punindo aqueles que não aderem ao manual de imprecisões proposto.

Vitimismo e politicamente correto são termos centrais para compreendermos como o ativismo *woke* trabalha pela corrupção do caráter, pois são os principais mecanismos de mobilização. Observações clínicas revelam que a mentalidade de vitimização se desdobra em quatro dimensões: busca por reconhecimento pela própria vitimização, elitismo moral, falta de empatia pela dor ou sofrimento de alguém e ruminação sobre vitimizações passadas[53]. A mentalidade de vitimização não é algo que nasce com você, é adquirida via comportamento e ambiente.

Queremos fazer uma distinção de significados importante para a discussão. Sabemos que há vítimas no mundo, e, embora nem todas as vítimas assumam uma mentalidade de vitimização, é compreensível que algumas pessoas adotem esse paradigma como forma de lidar com seus traumas e histórias dolorosas. Aqui, estamos nos referindo à mentalidade de vitimização como ato político.

Certos grupos usam o *status* de vítima de forma metodológica para se esquivar da crítica e da responsabilização, como forma de atrair aprovação e compaixão dos outros, e como forma de ver suas agendas aceitas, pois ninguém quer questionar o *status* de vítima de alguém. As lideranças dos movimentos sociais e seus intelectuais associados encorajam que sua militância desenvolva a mentalidade de vítima.

Em *Losing the Race*, John McWorther desenvolve o conceito de "vitimologia", que é a adoção do vitimismo como núcleo da identidade da pessoa. Segundo ele, a vitimologia incentiva a fraqueza e o fracasso, ao colocar características sociais e biológicas como determinantes para o processo social

McWorther também argumenta que a vitimologia prejudica qualquer desempenho por focar demasiada atenção nos obstáculos. A postura vitimista, mesmo com os visíveis prejuízos, é fácil de ser reproduzida em razão da insegurança comum entre jovens, que percebem a desresponsabilização por seus próprios atos como uma coisa boa.

Eximir-se da responsabilização é um método típico dessa mentalidade, porque ao assumir responsabilidade pelos eventos da sua vida, você se revela o capitão da sua jornada, e estar no comando significa que os outros não são responsáveis por você, e muito menos que eles têm alguma obrigação, ainda que apenas moral (como ter empatia), pelos desafios que você alega ter enfrentado.

Em *Rock my soul*, bell hooks[54] apresenta uma explicação para o vitimismo presente na comunidade negra que pode, perfeitamente, ser utilizada para compreender o vitimismo do ativista *woke*: um número expressivo de pessoas negras prefere ser visto como vítima do que não ser visto nunca. Apoiando-se no trabalho de Nathaniel Branden, psicoterapeuta associado à Ayn Rand, bell hooks afirma que "Branden está correto em sua suposição de que pessoas que se percebem como vítimas usualmente se tornam 'presas na passividade' e se sentem condenadas. (...)"[55] hooks aponta ainda que recusar o lugar de vítima demanda, obrigatoriamente, engajar-se em políticas de autoconfiança, que incluem a autorresponsabilidade.

Na cultura *woke*, o vitimismo passa a ser núcleo da identidade do sujeito e é incentivado por ativistas e intelectuais que ecoam na mídia de massa e na cultura popular. Inevitavelmente, atrairá jovens que permanecerão socialmente vulneráveis. É importante não perdermos isso de vista, quando construirmos nossas críticas, quem será verdadeiramente prejudicado com o culto do vitimismo; eis um dos porquês do ativismo *woke* ser danoso para a sociedade.

O vitimismo não teria o alcance que tem se não fosse o politicamente correto: é este último que define e solidifica quem serão as vítimas e quem serão os opressores, de maneira que, cotidianamente, parecemos participar de um bingo da opressão (para decidir quem sofre mais).

Ao contrário do que o ativista *woke* acredita, suas ações não conseguem produzir resultados satisfatórios para os grupos que ele diz defender; para o ativista *woke*, não importa se sua ação produz bom resultado ou não; o importante é sua intenção. Parecer virtuoso é mais importante do que ser virtuoso ou eficiente.

No livro *Virtuosismo moral*, Justin Tosi e Brandon Warmke[56] discutem o exibicionismo moral. Segundo eles, os exibicionistas morais

> (...) querem que os outros pensem que eles são moralmente especiais. Às vezes, esses exibicionistas morais querem que os outros pensem que eles são santos ou heróis da moralidade. Há, porém, exibicionistas morais com ambições mais modestas; eles podem simplesmente querer que os outros acreditem que eles são pessoas moralmente decentes. Em um mundo onde pouquíssimos alcançam o piso da respeitabilidade moral, esses exibicionistas pelo menos garantem seu lugar ali. (...)[57]

Ou seja, a ação do ativista *woke*, uma vez que é incapaz de gerar benefícios substanciais no mundo real, torna-se, basicamente, sinalização de virtude para a bolha de pertencimento. Essa sinalização leva ao mais profundo comportamento iliberal e perverso.

Em *Woke Racism*, John McWorther intitula seu primeiro capítulo como "Que tipo de pessoa?". Sua ideia no texto era provocar uma reflexão sobre que tipo pessoa acha plausível uma chefe de família ser demitida de seu emprego por escrever que "Todas as Vidas Importam". Sim, isso aconteceu na Universidade de Massachussetts Lowell[58], à época do assassinato de George Floyd. Em 2020, a diretora da Enfermagem da referida universidade, Leslie Neal-Boylan, escreveu para seus colegas e subordinados que vidas negras importam, assim como todas as vidas importam.

A diretora não negou que há racismo. Não negou que, de fato, a polícia está colocando negros como alvos. Também não sugeriu que o movimento Black Lives Matter estivesse sugerindo que vidas negras valem mais. Ela, apenas, acrescentou que "todas as vidas importam". Este acréscimo foi o suficiente para que o ativismo *woke* pressionasse seus superiores; os ativistas entenderam que a diretora, ao fazer tal acréscimo, estaria tirando o protagonismo negro necessário para aquele momento. Neal-Boylan acabou demitida.

A prática de pressionar a demissão de indivíduos por suas opiniões está, a cada dia que passa, mais solidificada na cultura *woke*. Para o ativista *woke*, é completamente razoável que alguém perca seu emprego (ou seja, seu meio de sustentar sua família) porque não falou "todes" ou emitiu uma opinião em uma rede social que seja contrária aos preceitos do identitarismo contemporâneo. Esse padrão de comportamento, numa sociedade composta por seres humanos — ou seja, indivíduos imperfeitos —, não pode ser considerado saudável (e aqui nós escrevemos com a esperança de sermos lidas por um profissional de psiquiatria ou psicologia que concorde com nossas palavras).

A doutora Tabia Lee[59], uma mulher negra com mais de três décadas de experiência em docência da educação básica, foi demitida do cargo de diretora do Escritório de Equidade, Justiça Social e Educação Multicultural da Foothills-De Anza Community College em março de 2023. Segundo nota da instituição, a doutora Lee: a) questionou a "ortodoxia" antirracista [quem ela pensa que é?]; b) tentou promover um evento de "inclusão judaica" para o *campus* (mas foi chamada de "sionista imunda", porque, segundo disseram a ela, os judeus são opressores brancos); c) recusou-se a usar os termos de gênero neutro "Latinx" e "Filipinx"; d) tentou criar um calendário multirreligioso de feriados e meses do patrimônio (colegas de escritório e reitor explicaram que tal projeto era inaceitável, porque não focava em "descentralizar a branquitude"); e) recusou-se a participar de coletivo socialista; f) sugeriu uma agenda para uma reunião sobre diversidade (só por tentar criar pauta de reunião, ela foi acusada de "whitespeaking", "whitesplaining" e reforço da "supremacia branca").

Por conta desses atos, a doutora Lee foi chamada de supremacista branca pelos colegas na universidade e, em seguida, foi demitida. Por mais que possamos questionar a necessidade (ou não) da existência de um setor universitário para tratar de um tema tão transversal, considerando que ele, de fato, existe, a ironia mora na constatação que a doutora Lee foi demitida por fazer exatamente o trabalho que deveria ser feito por um profissional normal e sério na posição dela: promover diversidade e comunhão das diversas culturas, raças e etnias através de projetos pedagógicos. A conduta da doutora Lee era muito orientada por um clássico liberalismo, fundamentado em valores da ordem liberal como igualdade, liberdade, individualismo e razão. Essa conduta a transformou, aos olhos de seus colegas, no tipo errado de mulher negra, de maneira que brancos progressistas não viram incoerência em chamar uma mulher como ela de supremacista branca. Na prática, a ortodoxia antirracista, que está plenamente submetida à Teoria

Crítica da Raça, abandonou a missão de promover igualdade e inclusão e passou a empenhar-se no objetivo de alcançar vingança em nome daqueles que entendem como oprimidos.

A ortodoxia antirracista é tão sofisticada que permite que os ativistas apresentem seus pontos de vista ideológicos como inatacáveis, uma vez que supostamente representam a experiência de todo o grupo identitário ao qual pertencem. Assim, qualquer crítica pode ser enquadrada como um ataque ao grupo. A proteção da ortodoxia se sobrepõe à colegialidade, ao profissionalismo, à verdade; a proteção da ortodoxia é valor fundamental do ativismo *woke*. O fato de uma mulher negra ter sido injustamente demitida de seu trabalho não causa comoção dos ativistas; a chave de interpretação da conduta *woke* reside na habilidade de entender que não se trata de **quem** fala, mas **do que** se fala. Um homem branco heterossexual e rico com discurso afinado com a ortodoxia sobrepõe-se a uma mulher negra trabalhadora com discurso dissidente da ortodoxia. Nessa dinâmica, conseguimos localizar a perversidade da dissonância cognitiva promovida pelo ativismo *woke*.

McWorther, ao analisar o movimento antirracista contemporâneo, aponta que este se tornou uma religião, que possui a seguinte homilia:

> Lutar contra as relações de poder e seus efeitos discriminatórios deve ser o foco central de todo empenho humano, seja intelectual, moral, cívico ou artístico. Aqueles que resistirem a esse foco, ou mesmo apresentarem aderência insuficiente ao foco, devem ser severamente condenados, privados de influência e ostracizados.

Eis o tipo de pessoa que acha razoável demitir um profissional por tão pouco! O ativismo *woke*, que tem sido muito bem forjado dentro das disciplinas das áreas de humanidades, estabelece que sua principal meta é a luta pelo poder. **Se o marxismo clássico estabeleceu a**

ditadura do proletariado como objetivo, o ativismo *woke* estabeleceu a ditadura do ofendido.

Em 21 de setembro de 2022[60], o empresário Arthur Machado, um dos apresentadores do programa *Quinto Elemento*, descreveu, sem falhas, o comportamento típico do ativista *woke*:

> o *woke* é o estudante de classe média que nasce nas universidades brasileiras, influenciado por essa modinha, que quer ensinar para o cara da periferia que ele tem que falar todes para ser legal, para ser humano, para ser inclusivo (...) no fundo, o cara é um tremendo de um intolerante autoritário. Esse cara, quando for uma maioria, ele não hesitará em mandar as pessoas para o paredão. Mas de um jeito fofo. Vai ser muito fofo, muito colorido.

Ou seja, ao contrário do que propaga, o ativista *woke* não está interessado num intercâmbio genuíno de ideias e disputar, com lealdade, posições no debate público. Ele deseja, na verdade, comandar o debate público; aqueles que não obedecerem serão cancelados.

Pode parecer um exagero sugerir que o ativista *woke* mandaria alguém para o "paredão"*, mas não é. Você já prestou atenção no significado do verbo cancelar? Cancelar *significa tornar (algo) nulo, sem efeito, sem valor;* **eliminar**. Quando você é cancelado por emitir uma opinião mais à direita, você está sendo eliminado. Mas sua eliminação acontece no universo do discurso. Se algum dia a opinião pública movimentar a janela de Overton** mais para a esquerda e tolerar que os

---

* A expressão "paredão" refere-se ao julgamento seguido de fuzilamento que eliminou combatentes inimigos e companheiros de ditaduras de países como Cuba. Disponível em: https://www1.folha.uol.com.br/fsp/mundo/ft2103201007.htm (Acesso em 17/04/24).

** A janela de Overton é um conceito que descreve o intervalo de ideias ou políticas que são consideradas socialmente aceitáveis ou viáveis em um determinado momento em uma sociedade. Foi nomeada em homenagem a Joseph P. Overton, um analista político, e representa o espectro de ideias que vão desde as mais aceitas até as mais rejeitadas ou impopulares.

ofendidos "cancelem" os indivíduos que "ofendem" no universo material, bem, o paredão não ficará tão longe assim.

O ativismo *woke* virou uma religião, mas uma diferente das religiões abraâmicas: sem Deus, sem perdão e sem misericórdia; é corrupta por inteiro, pois não visa reconciliação, ela se deleita na vingança e no ressentimento.

Como discutimos algumas vezes aqui, duas ideias centrais se atravessam. Primeiro, as principais características de culto estão presentes: isolamento, punição por causa de questionamentos, controle de comportamento, adesão a um código de ideias e existência de um grupo identificável (o conceito de comunidades ilustra bem isso). Segundo, o enfraquecimento do pensamento racional e a escalada do uso das emoções e da subjetividade humana como argumento para explicar os problemas do mundo, e a combinação dos dois, torna o pensamento *woke* difícil de ser combatido.

Fé e emoções fazem parte de um processo tão íntimo e intransferível, que ninguém ousa questionar. Por isso, quando certos movimentos atingem o *status* de fé, tornam-se difíceis de serem combatidos, pois se a lógica e os fatos já não importam mais, e a cada um cabe viver a sua própria verdade, mas, se ser vítima significa que a sua verdade importa mais, o resultado é catastrófico, autoritário e corrupto, como temos visto recentemente. O transgenerismo moderno, por exemplo, é um movimento de fé, o indivíduo acredita/tem a fé em que pertence ao sexo oposto, mesmo diante de todos os fatos racionais provando que ele não é. E não há fatos que possam combater essa verdade fabricada, porque a fé não se discute.

Esse comportamento vitimista é incentivado porque é o alicerce da Justiça Social Crítica. Sem a hierarquia de poder com seus oprimidos e opressores, essa "indústria" não existiria. O *status* de vítima é recompensado com poder político, por isso, mesmo aqueles considerados privilegiados, em virtude da sua raça ou da sua condição socioeconômica, querem uma parcela desse *status* de vítima, porque sofrer é um bom negócio.

Nenhum indivíduo quer ser associado com o grupo opressor, por isso, um homem branco que estaria no topo da pirâmide de poder, vitimizando todos abaixo dele, perde parte do seu *status* opressor, e adiciona pitadas de *status* de oprimido quando se apresenta como não binário, com esforço mínimo de mudar pronomes no perfil do Instagram. Assim, ele conseguiria continuar a viver os seus ditos privilégios, mas com a deliciosa certeza de que pode lançar a carta de vítima se necessário.

A banalização do *status* de vítima revela uma decadência moral das sociedades difícil de justificar, porque vítimas de verdade existem, e as suas pautas estão sendo diluídas para acomodar a estupidez daqueles que desejam ganhar um rótulo de opressão. Quem desejaria isso para si, a menos que certas gratificações existam? Não faz sentido que as pessoas se esforcem tanto para ser vítimas.

Como sociedade, estamos enaltecendo valores que tornam os grupos mais frágeis, em vez de mais resilientes. E fazemos isso ao criarmos recompensas para esses comportamentos, como permiti-lhes decidir que palestras podem acontecer em uma universidade, que contas no Twitter devem ser banidas, quem deve ser demitido por ter uma opinião divergente, que empresas merecem continuar em funcionamento, que autores devem ser ostracizados e por aí vai. Recompensamos essas pessoas dando plataforma a elas e permitindo que as suas verdades sejam tratadas como únicas verdades que importam, apenas porque elas se identificam como vítimas. Valores como coragem, resiliência e mérito são substituídos com paternalismo, martírio e pena, não à toa o apelido "floco de neve".

A corrupção do caráter se materializa também quando não determinamos limites para os conceitos porque todas as bordas morais foram empurradas e borradas, e se tornaram indefinidas. Não existe mais o certo e o errado, porque quem determinaria o que é certo e errado seriam aqueles que controlam os discursos. Discutimos anteriormente como as verdades morais foram colocadas em dúvida, por serem difíceis de comprovar via método científico, e essa é uma premissa difícil de engolir.

Se as verdades morais são o resultado da decisão alcançada através do consenso, na qual a maioria dos indivíduos subscreve à ideia de que algo seja moral ou imoral, a própria ideia de consenso passa a ser questionada. Poderia esse consenso ser fruto de um discurso igualmente opressor? Se não há limites morais que balizam a vida social, ideias como pedofilia e incesto passar a ser amortecidas como apenas mais uma contingência social. Os textos *queer*, por exemplo, que também descendem, em sua maioria, de uma combinação patética de neomarxismo e pós-modernismo mal desenvolvidos, enfatizam o poder da linguagem para criar realidades. Gayle Rubin[61], uma das autoras pioneiras do movimento *queer*, escreve como a inexistência de palavras como pedófilo e pederasta representaria que essas pessoas não sejam pedófilas ou pederastas, e, assim, elas poderiam viver as suas experiências livremente, sem rótulos morais atrelados a esses comportamentos. O abuso infantil deixa de ser abuso infantil caso essas palavras não existam. E é por isso que vemos um esforço *woke* de apagar o vocabulário em torno da palavra mulher, ou mesmo, a própria palavra mulher, porque para eles a inexistência dessas palavras apaga a própria materialidade daquilo que a palavra descreve, o que é um argumento frágil facilmente refutado pela sabatina do *disputatio*. A palavra saudade, por exemplo, não existe em determinadas línguas, isso significaria dizer que as pessoas não seriam capazes de sentir saudade? É um problema lógico tão simples de desmantelar, que a única explicação que resta é tratá-lo como má-fé. E é por razões parecidas que a corrupção da língua é tão importante, porque ao apagar, criar ou ressignificar textos, eles acham que estão criando realidades.

E, por fim, outra forma de corrupção do caráter se dá quando, como sociedade, encorajamos as pessoas a mentirem para fazer justiça social. Pessoas *woke* elegem quem são os grupos vitimizados, e no exercício da sua função de arautos da justiça, da igualdade e da inclusão, decidem que eles devem ser protegidos, custe o que custar. É um deleite e luxo moral ter o seu mau comportamento justificado, recompensado e ressignificado como "indignação justa". Os fins justificam os meios quando a causa é nobre. Perguntamos, então, quais os fatores balizantes entre moralidade e empatia? Com vistas a ter empatia por alguém ou algum grupo, o que as pessoas devem estar dispostas a fazer?

Hoje, as pessoas são encorajadas a adotar mentiras e a assumir um comportamento hipócrita para acomodar os desejos e interesses dos grupos vitimizados, ou mesmo para salvar a própria pele. Quantos profissionais discordam silenciosamente das políticas *woke* implementadas nas empresas em que trabalham, ou são forçados a alterar a sua língua para se adequar a uma nova política implementada arbitrariamente em uma instituição, ou quando são compelidos a dividir banheiro com o sexo oposto à expensa do seu direito à privacidade e à dignidade? Quantos fingem concordar com as mentiras empurradas por certos setores apenas por medo de perderem seus empregos, ou serem banidos de certos grupos, ou por medo de terem a sua reputação denegrida? Como manter a coesão social quando a mentira passa a ser recompensada, e a dissimulação se torna o comportamento padrão dos indivíduos?

E quanto àqueles indivíduos que são constrangidos a adotar narrativas mentirosas para passar em uma entrevista de emprego, pois a mentira se tornou uma verdade moralmente superior, e não adotá-la faz de você um opressor, vilão, insensível e sem compaixão? Pensemos na dissonância cognitiva experimentada por pessoas religiosas, que veem os seus livros sagrados como manuais para a vida? Se as verdades são subjetivas, as verdades desses indivíduos deveriam importar também, sem deixar de mencionar a intrusão no direito de fé do outro, uma forma de corrupção democrática.

Pensemos nos biólogos, médicos, enfermeiros, cuja base de formação passa pelo estudo da materialidade do corpo humano, tendo que alterar a linguagem profissional que adotam, e distorcer conceitos para caber nas narrativas mentirosas impostas por órgãos profissionais que foram contaminados pelo *wokeísmo*. Pensemos nos médicos que são constrangidos a afirmar crianças com hormônios sabendo muito bem dos riscos envolvendo tal decisão, ou nos psicólogos que são constrangidos a afirmar crianças em vez de fornecer um diagnóstico psicológico mais preciso.

Pensemos nos pais que são obrigados a ceder à ideia de que seus filhos mudaram de sexo, mesmo sabendo que sexo é imutável, apenas por medo de perderem o convívio com eles, ou com medo de serem expostos e humilhados on-line? É um absurdo que as pessoas tenham que alterar o seu estilo de vida, ou adotar pós-verdades que ferem profundamente a sua cognição. O quanto é deteriorante para a saúde mental das pessoas ter que viver diariamente repetindo crenças, valores, opiniões, comportamentos e princípios que contradizem aquilo que acreditam. Mas porque devem ceder o protagonismo, percebidos como mais vitimizados, que controlam a narrativa e determinam não apenas como querem viver, mas como os outros devem viver também, veem-se coagidos a viver uma vida de mentira e hipocrisia, corrompendo o seu próprio caráter.

CAPÍTULO 3

A INFILTRAÇÃO DAS IDEIAS *WOKE* EM DIFERENTES MOVIMENTOS SOCIAIS: CORRUPÇÃO E PERVERSÃO

O ativismo *woke* conseguiu sequestrar pautas sociais legítimas, e passou a ser entendido como a única via correta para combater injustiças sociais. Nesse sentido, o oposto também vale. Ser *antiwoke* seria uma atitude adotada por pessoas inertes, insensíveis e adormecidas quanto aos problemas sociais à sua volta. Ser *woke* é ser alguém atento às desigualdades sociais e opressões sofridas por grupos, mas é, acima de tudo, ser alguém que adere a uma cartilha teórica e ativista específica.

Como discutimos aqui, o *wokeísmo* floresce na anti-intelectualidade, na falta de leitura sobre os teóricos e sobre as ideias que tanto cultuam, pois seus adeptos não parecem conhecer profundamente as raízes filosóficas e teóricas que dão forma e substância ao ativismo que assumem. É um ativismo colérico e inculto.

Ao se infiltrar em diferentes pautas sociais, o pensamento *woke* os encharca com os seus próprios princípios, normas e recomendações, nem que para isso tenha que obliterar as premissas anteriormente existentes para acomodar as novas doutrinas do manual *woke*. Como resultado, força indiretamente os indivíduos ligados a certas pautas sociais a sancionar e a se filiar a esse novo conjunto de proposições. Sem essa adesão e acatamento completos, não há diálogo, pois o ativismo *woke* é inflexível, marcado por extremismo e intransigência, e (ironicamente) *binário*: existe o certo *woke*, e existe o errado anti-*woke*, favorecendo um ambiente de disputas políticas no qual o sectarismo e o fanatismo roubam a cena. Moderação e *wokeísmo* não combinam, e por isso, quando o pensamento *woke* penetra uma pauta, ele a altera substancialmente.

É fato mais do que conhecido e insistentemente ignorado pela direita brasileira que é possível (e necessário!) defender causas ligadas a minorias étnicas ou outros grupos vítimas de ostensiva discriminação. Martin Luther King, por exemplo, liderou movimentos de negros sem ser identitário ou *woke*. Ainda assim, alguns movimentos sociais históricos foram infiltrados pelo *wokeísmo*. Como muito bem nos explica o professor Wilson Gomes em seu texto "Caminhos e descaminhos da política de identidade hoje: ideologia e estratégias",

> A discussão sobre política de identidade se transformou excessivamente em um assunto sensível, cheio de armadilhas e interdições, como em geral só se vê quando se trata de temas religiosos ou de moralidade íntima. Nessa perspectiva sacralizante ou moralista, discutir é profanar, examinar é desrespeitar o investimento existencial dos outros, testar hipóteses é ofender pessoas e divindades. Infelizmente, há aqui axiologia demais, como se cada indagação feita, cada ceticismo expresso, cada demonstração requerida ferisse algum valor sagrado, expressasse o caráter degenerado de quem indaga, desrespeitasse escandalosamente algum dogma ou alguma minoria intocável. (p. 51)

Aliás, neste livro, já mostramos como o *wokeísmo* se infiltrou com sucesso no ambiente acadêmico. Segundo Gomes[1], o ativismo *woke* — ou nas palavras do autor "virada identitária" — tem dois braços: o ativismo de base (que atualmente está configurado no ciberativismo) e a militância acadêmica. O braço acadêmico do ativismo *woke* foi recrutado e institucionalizado no espaço universitário nos últimos 40 anos para tornar o identitarismo incriticável: "(...) Foi assim que, cercado de simpatia ou complacência por todos os lados, anulados os desafiantes e ignorados os concorrentes, o identitarismo tornou-se dogmático, defensivo e incriticável."[2]

No texto "Pequeno manual identitário para silenciar os críticos e se blindar contra a crítica e o dissenso em 5 passos", Gomes[3], de maneira espirituosa, apresenta instruções de como um ativista *woke* deve se portar no debate público (e isso nos ensina a nos preparar!): 1) mimetize-se com a minoria representada e a use como escudo; 2) mobilize o sentimento público para o contra-ataque; 3) desqualifique o crítico acusando-o de algum crime; 4) retire do crítico a autoridade para opinar sobre o tema, reivindique o monopólio moral e intelectual sobre a fala; 5) desqualifique o crítico acusando-o de estar apenas lutando por interesses e privilégios.

Neste capítulo, faremos uma brevíssima apresentação de como a cultura *woke* invadiu o movimento negro, o feminismo, o transativismo e o veganismo. Apesar de suas peculiaridades, nós conseguimos localizar semelhanças comportamentais advindos da cultura *woke* entre os movimentos citados, a saber:

a. **Criação de um inimigo**. Mal simples, abstrato, unidimensional e imutavelmente que precisa ser extinto. O inimigo pode ser o Ocidente, a estrutura social, o cristianismo, o capitalismo, o catolicismo, o liberalismo, o patriarcado, a branquitude, o pentecostalismo, a heterossexualidade, a cisnormatividade, o conservadorismo etc.;
b. **Autopercepção de minoria subversiva**. Os ativistas *woke* conseguiram, com sucesso, ocupar instituições de ensino, mídia, redes sociais, políticas de governo, mercado editorial, instituições culturais e afins. Mesmo

assim, insistem na narrativa que os coloca como grupo minoritário contracultural quando, na verdade, eles já passaram a ser cultura dominante; não é possível ser cultura e contracultura ao mesmo tempo;

c. **Hipervigilância paranoide.** Todo grupo identitário percebe-se como uma ilha de anjos cercada de demônios opressores por todos os lados;

d. **Raiva e ressentimento.** Não há ativista *woke* pacífico e sereno; ele não deseja amizade, mas demanda cumplicidade de todos em razão de uma animosidade retroalimentada constantemente por ele mesmo;

e. **Identidade sitiada e protagonismo.** Os identitários preocupam-se em como são vistos pelos outros, para demarcar a diferença que tem do adversário opressor e demandam protagonismo;

f. **Satanização do outro e santificação de si mesmo e seus aliados.** Na visão de mundo dos ativistas *woke*, o mundo é dividido em dois: o seu grupo e os inimigos;

g. **Beligerância permanente.** Direcionada a qualquer ideia fora de sua ortodoxia;

h. **Severidade** com os adversários e **autocomplacência** consigo e com os aliados;

i. **Comportamento tribal.** Ser valorizado e reconhecido pela tribo de pertencimento é mais importante do que ser justo, leal e correto. Por definição, todos os membros do grupo são perfeitos e infalíveis;

j. **Perspectivismo**[4], uma posição em que se encontra em estado de suspensão a objetividade e a verdade, assumindo que todo conhecimento é subjetivo, pois depende dos seus interesses e visões de mundo;

k. **Pessimismo cultural.** O *wokeísmo* tende a considerar o modelo ocidental de sociedade como ultrapassado e em ruínas. A subversão e a liberdade só viriam da negação dos limites ocidentais; e, claro,

l. **Superioridade moral.** Não há um ativista *woke* que não seja arrogante o suficiente para se achar moralmente superior a qualquer pessoa que pense diferente dele.

Discutiremos nos próximos tópicos como o pensamento *woke*, ao invadir diferentes pautas sociais, forçou os seus próprios princípios como corretos, promovendo um ou mais tipos de corrupção: democrática, linguística, científica e/ou de caráter.

MOVIMENTO NEGRO

O Movimento Negro* é um movimento social histórico de importância inquestionável. Tomou frente no combate às injustiças sociais que solidificaram a equivocada hierarquia das raças concebida pelo racismo científico. Contudo, a partir da segunda década do século XXI, a maneira de fazer política do Movimento Negro sofreu alterações e passou a receber influências da cultura *woke*.

O linguista americano John McWorther aponta que o movimento antirracista tem três ondas:

a. a primeira onda tem como cerne a luta pela abolição da escravatura e da segregação legalizada;

b. a segunda onda é caracterizada pelo combate às atitudes racistas presentes no cotidiano dos Estados Unidos. O racismo era considerado uma falha moral presente nas relações sociais; e,

c. a terceira onda, que se tornou *mainstream* a partir dos anos 2010, é marcada pela ideia de que o racismo está na estrutura social e, por natureza, é sistêmico. Pessoas brancas seriam, então, cúmplices desse racismo e

---

* A literatura mais contemporânea opta por Movimentos Negros, no plural, pois entende que os Movimentos Negros se referem a uma série de movimentos sociais, ativistas e organizações que surgiram em diferentes países, ao longo do tempo, com o objetivo de combater o racismo, a discriminação racial e buscar direitos iguais para as comunidades afrodescendentes. Esses movimentos são caracterizados por uma luta coletiva pela justiça social, igualdade racial, direitos civis e a valorização da cultura negra. Contudo, como a presente obra pretende atender o público geral, optamos por utilizar Movimento Negro, no singular.

essa cumplicidade caracterizaria o racismo por si próprio. Por sua vez, pessoas negras precisam lidar com o racismo em torno delas e compreender que este representa a totalidade de sua existência; o racismo tornou-se o núcleo da identidade da pessoa negra.

Atualmente, nós estamos na terceira onda. É importante dizer, contudo, que McWorther construiu seu pensamento a partir do contexto americano, que guarda suas peculiaridades. De todo modo, a descrição produzida pelo autor é bastante semelhante ao cenário nacional e isso não é exatamente uma surpresa, visto que lideranças negras brasileiras são influenciadas pela produção intelectual americana e, em alguns casos, recebem até financiamento de organizações americanas para conduzirem pesquisas e promoverem ativismo político. Um exemplo dessa influência estadunidense é justamente o livro *Racismo Estrutural*, de Silvio Luiz de Almeida, atual Ministro de Direitos Humanos do governo Lula. No referido livro, lá na página 53, o ministro mostra que a sede de seu pensamento está na terra do Tio Sam, uma vez que chama "latinos" de minorias; somente nos Estados Unidos os latinos podem ser considerados minoria étnica; eles não podem ser minoria dentro da América Latina, não é mesmo? Aliás, não é abusivo considerar que o identitarismo, tal como conhecemos hoje, é produto no melhor estilo *made in USA*, conforme argumenta Gomes: "(...) O identitarismo é uma das formas mais poderosas de americanização da política e das relações sociais hoje no mundo."[5]

Com implacável lealdade aos cânones políticos progressistas, socialistas ou qualquer outra denominação que habite as esquerdas, o movimento antirracista marginaliza e difama todo negro que publicamente se classifica como conservador, liberal ou até mesmo cristão; o ativismo antirracista autoriza, por inação ou motivação deliberada, o racismo praticado contra negros que não são de esquerda; aplica-se ao negro dissidente um tratamento **muito pior** do que aquele que é aplicado a um racista branco. Esse comportamento advém da cultura *woke*.

Como já demarcamos anteriormente, o anti-intelectualismo é um modelo no ativismo *woke* e, claro, também emerge no movimento antirracista. A prova disso é o profundo desconhecimento do ativismo negro contemporâneo sobre a África; faz-se uma visão idílica do continente africano, produto de real ignorância, que é compartilhada até por intelectuais desse ativismo. Em 2021, a escritora nigeriana Chimamanda Ngozi Adichie participou do programa *Roda Viva*[6]. A bancada selecionada contava, entre outros profissionais de mídia e literatura, com a filósofa Djamila Ribeiro e a doutora em Estudos Feministas pela Universidade Federal da Bahia Carla Akotirene.

Numa aparente tentativa de exibir sua consciência social ao afirmar que religiosos de candomblé e umbanda são vítimas de terrorismo religioso (mesmo esses compondo apenas 2% da população brasileira)[7] e seu conhecimento sobre religiões de matriz africana, Akotirene declarou que cultuava Xangô e era filha de Oxum e, em seguida, questionou à entrevistada como a "matripotência de Oxum" poderia orientar o desenvolvimento de uma sociedade verdadeiramente justa. Chimamanda, que é católica romana de berço, fez caras e bocas sinalizando dificuldade em entender os termos usados por Akotirene. A cara de surpresa de Chimamanda com a pergunta de Akotirene talvez esteja relacionada ao fato de que, na Nigéria, a população se divide entre cristãos (40%) e muçulmanos (50%), segundo os dados do Censo realizado em 2023.[8] Uma pesquisa da Pew Research aponta que, entre os cristãos nigerianos, 74% são protestantes, 25% são católicos romanos e 1% pertence a outras denominações cristãs.[9] O protestantismo é praticado largamente nas áreas ocidentais, enquanto o catolicismo romano é praticado no sudeste do país. Tanto o catolicismo romano como o protestantismo são observados nas terras Ibbio, Anaang, Efik, Ijo e Ogoni (sul). Os Igbos são predominantemente católicos romanos e anglicanos (98%). Apenas lendo os romances de Chimamanda, como *Meio sol amarelo*, essa realidade religiosa é graficamente percebida. Talvez, se Akotirene tivesse realizado um breve levantamento sobre a religião na Nigéria (e na África) ou ainda tivesse lido os romances da entrevistada (Akotirene chegou a dizer que as obras de Chimamanda contribuem para os brasileiros fazerem o resgate com os antepassados, "com a justiça de Xangô", "com a matripotência de Oxum" etc. Será que ela leu mesmo as obras da entrevistada?), saberia que candomblé e umbanda sequer existem lá.* No lugar de uma ardente defesa dos orixás, Chimamanda foi assertiva relatando suas profundas relações espirituais com o catolicismo romano. Tanto Djamila quanto Akotirene ouviram a escritora com expressão de desapontamento.

O antropólogo Antonio Risério, no seu livro *Mestiçagem, identidade e liberdade*, argumenta que a militância negra contemporânea, profundamente intelectofóbica, incorre em equívocos por apoiarem-se numa visão fantasiosa do mundo periférico como a África. Ele diz:

> "Mama África", por sua vez, é uma fantasia compensatória de pretos ocidentais, quando sintomaticamente de costas para a realidade cruel da exploração do negro pelo negro no continente africano, com multidões famintas em Angola, por exemplo, ou para a vida religiosa em grande parte da Nigéria, que nada tem de "candomblezeira", sendo, antes, claramente dividida entre a metade muçulmana e a metade cristã do país. (...)[10]

---

* Na África, há as religiões tradicionais e são diversas. Candomblé e umbanda foram desenvolvidos no Brasil a partir de elementos daquelas religiões tradicionais trazidos por escravos. Segundo Risério (2022, p. 212), as religiões africanas tradicionais na Nigéria têm insignificância numérica e seus ritos e princípios apresentam lacunas.

Outro comportamento tipicamente *woke* reproduzido pela militância negra é o insulto. Corretamente, a militância antirracista de segunda onda entendeu que algumas palavras, em determinados contextos, são potencialmente racistas. Por exemplo, falas populares como "preto quando não caga na entrada, caga na saída" é inegavelmente racista, pois se apoia na premissa de que apenas negros estão determinados a cometer equívocos que podem ser cometidos por seres humanos de qualquer grupo racial. Por sua vez, a militância de terceira onda, em vez de trabalhar para impedir o insulto e a humilhação de negros dando continuidade à atuação de ativistas da geração anterior, lança uma cartilha que autoriza e incentiva insultos e humilhações, desde que aplicados por eles (ou por quem eles autorizam) contra aqueles que são entendidos como adversários: o branco (alguns grupos são tão radicais que chegam a escrever *brankko ou branc'o*) e a branquitude viraram sinônimos do que há de pior e mais retrógado na humanidade; assustamo-nos com a naturalidade com que esses termos são falados num tom pejorativo no meio digital e até mesmo no meio acadêmico. Não foram poucas as vezes que ouvimos frases do tipo "isso é coisa de branco" ou "branco fazendo branquice".

O antirracismo contemporâneo também empreende becos argumentativos praticamente incontornáveis: se uma pessoa branca não consome cultura negra, a pessoa é racista; se a pessoa consome, está intentando roubar o protagonismo do negro. É uma narrativa sem qualquer sentido, a não ser que o objetivo seja levar os indivíduos à loucura. Em outras palavras, a militância antirracista contemporânea desistiu de lutar por igualdade e passou a buscar vingança bem sob nossos olhos, contando com a indulgência plenária do alto clero da *intelligentsia* nacional, que é recheado de sentimento de culpa por serem "brancos e privilegiados".

FEMINISMO

O movimento feminista organizou-se ao redor de muitas pautas visando, entre outras coisas, alterar o comportamento, respaldado em preconceitos, destinado às mulheres em outras épocas da nossa história. Um desses preconceitos é a ideia generalizada de que as mulheres seriam menos racionais do que os homens. Diversas mulheres, atreladas ao feminismo ou não, trataram de desconstruir, através de uma valorosa prestação de serviço em suas respectivas áreas de atuação, essa falácia ao longo das últimas oito décadas. Contudo, o chamado feminismo de quarta onda parece abandonar esse legado ao se comportar exatamente da forma preconceituosa com as quais as mulheres eram descritas outrora: emocionais e histéricas. A pesquisadora Carrie Gress, em *Anti-Maria desmascarada: resgatando a cultura do feminismo tóxico*, afirma o seguinte:

> Ironicamente, para um movimento que, em sua origem, tentava dissipar a crença de que mulheres não são tão intelectuais quanto os homens, mas apenas emocionais, muito da retórica feminista é simplesmente isto: emoções cuspidas. Mesmo a feminista Camille Paglia tem sido crítica. "A pressa em julgar por parte de tantas mulheres bem-educadas e de classe média no movimento #MeToo tem sido alarmante e desanimadora", disse numa entrevista recente. "Elevar a emoção e a solidariedade de grupo acima dos fatos e da lógica como fazem têm ressuscitado estereótipos prejudiciais sobre a irracionalidade das mulheres que já foram usados outrora para nos negar o voto." Qualquer um dos pilares intelectuais do feminismo que outrora o sustentaram em seu auge foram reduzidos a argumentos baseados em emoções, intimidação, troça e chiliques infantis. Feministas modernas inconscientemente personificam os antigos estereótipos misoginistas que as primeiras feministas lutaram para refutar.[11]

Por mais que tenhamos críticas contumazes ao feminismo, faz-se necessário reconhecer que suas ativistas de primeira e segunda onda produziram política e literatura de qualidade, trabalhos em que a razão — não a emoção — é colocada em curso. Atualmente, nós testemunhamos uma tendência oposta ao feminismo. Gress (2022) explica o processo que levou o feminismo contemporâneo a abandonar a lógica e os princípios de justiça e verdade para cair num anti-intelectualismo histriônico e infantil. As atuais ativistas feministas passaram a entender que raciocínio rigoroso e lógica são menos eficazes do que a repetição *ad nauseam* de bordões pré-fabricados tais como "aborto seguro e legal" e "pró-escolha": "O histrionismo* é já uma forma de trabalho imaterial altamente valorada nos círculos intelectuais e acadêmicos onde as *drama queens* são mesmo rainhas."[12] Os bordões, associados a emoções, conseguem satanizar o interlocutor e obstruir qualquer debate sério. A realidade que o ativismo feminista enfrenta é: boa parte de sua militância engaja no movimento por necessidade emocional de adesão a grupos e por motivos puramente recreativos; eis aqui um caminho certo para infiltração da cultura *woke* no feminismo.

Outro aspecto inegável da infiltração *woke* é a tolerância irrefletida sobre o entendimento de homens que desejaram ser reconhecidos como mulheres. Em outras palavras, a mulher trans. No início do transativismo, acreditamos que a maioria das pessoas mostrava solidariedade e apoio a esses indivíduos. Quem não se lembra da Roberta Close, modelo da década de 1980? Qualquer pessoa olhará Roberta e a identificará como mulher, mesmo tendo nascido um homem. Para chegar nesse resultado, Roberta investiu muito em inúmeros procedimentos estéticos e cirúrgicos. Mas o que chama atenção em sua

---

* Histrionismo pode ser definido como comportamento histérico, exagerado, com o objetivo de chamar atenção.

história, considerando a realidade que vivemos hoje, é: Roberta não tentou usurpar espaços genuinamente femininos; ela trabalhava, casou-se com um homem e viveu a vida normalmente longe dos holofotes. O que nós estamos vendo hoje é um crescente grupo de homens esportistas que decidiram ser mulheres e passaram a disputar concursos esportivos na categoria feminina, como é o emblemático caso da nadadora transgênero Lia Thomas. Qualquer pessoa que realizou o nono ano do ensino fundamental sabe que mulheres e homens possuem diferenças biológicas fundamentais, conferindo a eles vantagens sobre nós, mulheres. Num piscar de olhos, nós passamos a ver homens sendo campeões de categoria feminina de natação, corrida etc. Lia Thomas, por exemplo, antes de fazer a transição, ocupava o 554º lugar no ranking masculino; entre as mulheres, passou para o 1º lugar no ranking[13]. Trocando em miúdos, mulheres biológicas que dedicaram a vida a se tornarem esportistas de alta performance estão perdendo espaço para homens biológicos que se afirmam mulheres. A pergunta que não silencia é: onde está o feminismo? Esse recrudescimento da marginalização feminina em espaços de sucesso e poder não merece integrar a pauta feminista? O feminismo tem dezenas de vertentes e a cada dia uma nova surge. Mas apenas uma vertente faz oposição pública à ocupação de homens em lugares femininos: o feminismo radical (conhecido popularmente como RadFem).

As feministas radicais têm um entendimento geral, que subscrevemos: a realidade material define nossas experiências[14], e a realidade material de um ser humano com cromossomos XY não pode ser transformada em uma "identidade feminina". Mas, na intenção de sinalizar virtudes como manda a cultura *woke*, as vertentes majoritárias do feminismo passaram a negligenciar o aspecto biológico do corpo feminino e passaram a sobrevalorizar a construção social e a diversidade de performances. O feminismo *mainstream* passou a acomodar as necessidades e demandas de um grupo minúsculo em desfavor de um agrupamento numericamente superior. A acomodação da mulher trans dentro do feminismo é de tal ordem que existe uma vertente: transfeminismo. No livro *Transfeminismo*, que faz parte da Coleção Feminismos Plurais coordenada pela filósofa Djamila Ribeiro, a pesquisadora Letícia Nascimento afirma: "(...) Essa teimosia de algumas correntes feministas, em especial o feminismo radical, ou de feministas em particular, em considerar que apenas corpos com vagina podem se tornar mulheres, é uma limitação que precisa ser superada."[15]

Ou seja, não apenas nós, mulheres biológicas, devemos aceitar que homens são tão mulheres quanto nós, por performarem socialmente o que entendem como mulher, mas também devemos reconstruir a linguagem com a finalidade de acomodá-los. Aqui vai um exemplo: nós aprendemos na escola que apenas mulheres menstruam. Para não sensibilizar as mulheres trans, toda linguagem — inclusive médica — deve passar a expressar "pessoas que menstruam". Feministas famosas como Djamila Ribeiro e Chimamanda Ngozi Adichie foram a público manifestar discordância sobre o uso da expressão "pessoas que menstruam" como substituto para "mulher"[16] ou outras colocações associadas às mulheres trans[17]. Em pouquíssimo tempo, ambas passaram de aliadas das mulheres e ícones feministas a transfóbicas[18] (porque, para o ativista *woke*, todo mundo que discorda de algo relacionado ao transgenerismo é obviamente transfóbico. Com isso, nós caímos no famoso "se tudo é transfobia, nada é transfobia"). Considerando o estilo de política do ativismo *woke*, ambas foram alvo de linchamento virtual; Chimamanda, por exemplo, sofreu ameaça de violência física[19] pelo simples questionamento: para ser mulher, basta se declarar mulher?[20]

A revista *Cult*, que tem posicionamento declarado de esquerda, publicou na edição nº 294 o editorial intitulado "Feminismos e a violência do conceito único de ser mulher". Dessa edição, faz parte o texto assinado pela antropóloga Lilyth Ester Grove, intitulado "A violência do essencialismo e do universalismo: o que define uma mulher?". Além de tecer paralelos inadequados entre o racismo sofrido historicamente por mulheres negras dentro do feminismo e a chamada exclusão de mulheres trans (para tentar provar que este é igual àquele), o texto de Grove é completamente dedicado a fazer de conservadores e feministas radicais espantalhos retóricos para solidificar a narrativa de opressão sistemática de mulheres trans. Solidificá-la e expandi-la, pois Grove considera que "é próprio do fascismo singularizar e demonizar um grupo social tratado como alvo dos seus medos infundados"[21]. Ou seja, conservadores e feministas radicais "evoluíram" de transfóbicos para fascistas.

Segundo Grove,

> (...) Pensadores transexcludentes (feministas radicais e grupos conservadores) vão dizer que é a realidade material de alguém com cromossomos XY não pode ter uma "identidade mulher". Ou seja, é preciso nascer mulher no sentido biológico. Essa lógica inverte a prerrogativa feminista de Simone de Beauvoir: "Não se torna uma mulher, nasce-se." Para essa conversa, eu sigo a perspectiva de Michel Foucault, de que a identidade não é algo fixo, e de que a subjetividade de um indivíduo é mediada e produzida em seu contexto histórico e cultural.[22]

A ironia perversa gerada por todo esse cenário é que, apostamos, se as mulheres passassem a se identificar como homens na mesma frequência que se dá o oposto, os homens jamais nos reconheceriam como iguais e não tolerariam a expressão "pessoas que ejaculam", que seria criada para nos incluir. É sobre as mulheres que respinga a tarefa de incluir indivíduos através da negação da nossa própria essência; os homens ganharam passe-livre. Ou seja, graças à infiltração *woke* no feminismo, as mulheres estão perdendo — uma vez mais — para o tal "patriarcado".

Agora, se pensarmos pela ótica das feministas, chegaremos rapidamente a uma conclusão: a infiltração *woke* no movimento aumentou as taxas de rejeição de mulheres ao feminismo. Uma pesquisa — realizada pelo Datafolha e publicada pelo jornal *Folha de S.Paulo*[23] em 15 de abril de 2019 — mostra que apenas 38% das mulheres com 16 anos ou mais se considera feminista no Brasil; 56% das mulheres **recusam-se a se associar com o feminismo**. Ou seja, mais da metade das mulheres não querem participar do movimento feminista; algumas chegam a se declarar antifeministas.

Numa entrevista para o jornal *Estadão*[24], Camille Paglia argumentou que o feminismo contemporâneo passou a reproduzir autoritarismo de maneira dogmática:

> Acho que o feminismo foi muito longe com essa ideia de gênero como performance. Que nós nascemos quadros em branco e todas as diferenças de gênero são resultado das influências e pressões do ambiente social. Com certeza, isso é um importante fator, como podemos ver na história. Obviamente, eu posso ser muito mais hoje do que poderia ter sido se tivesse nascido na Inglaterra em 1808. Hoje, mudanças do contexto social são bem-vindas ou não tão reprimidas como em outros períodos. **Mas acho que o feminismo se tornou um dogma, uma religião.** (grifos nossos)

Para Paglia, os extremismos do feminismo e seu aspecto dogmático estão conduzindo mulheres para o conservadorismo.

TRANSATIVISMO

O transativismo é, possivelmente, o movimento identitário de maior sucesso no presente momento. O número de pessoas que se identificam como transgênero não apenas cresceu vertiginosamente em diferentes países do Ocidente, como também houve uma mudança drástica no perfil demográfico desta população, cuja predominância anterior consistia em um grupo pequeno de homens que buscava gratificação sexual através de seus fetiches; agora, o grupo passou a incluir adolescentes, em especial, meninas, e mesmo crianças tão novas quanto dois anos[25].

Um relatório encomendado pelo governo sueco para reavaliar as evidências científicas sobre a Política de Afirmação de Gênero demonstrou que não há estudos científicos que expliquem o aumento da incidência de crianças e adolescentes que procuram serviços de identidade de gênero[26], mas a mudança do paradigma de transexualidade para transgeneridade (identidade de gênero, leia-se *wokeísmo*) ocorreu concomitantemente a esse acréscimo.

Por muitos anos, a transexualidade foi explicada através de um modelo patológico e contemplada como distúrbio sexual no *Diagnostic and Statistics of Mental Disorders*, o DSM. O doutor Ray Blanchard, professor adjunto de Psiquiatria na Universidade de Toronto, e um dos pioneiros dos estudos de transexualidade, desenvolveu uma tipologia de transexualidade, o que seria renomeado no futuro como transgenerismo. Para ele, a transexualidade seria uma parafilia resultante de impulsos sexuais mal direcionados, ao contrário da narrativa atual que advoga pela ideia de que transgenerismo é apenas mais uma identidade de gênero. Muitas pessoas ainda se apresentam como transexuais, como uma forma de sinalizar que não fazem parte desse movimento ideológico antissexo e anticiência.

A explicação de Blanchard dominou o campo de estudos nesse tema, e só passou a ser polêmica e ofensiva, quando a transexualidade passou a ser politizada e apropriada pelos guerreiros da justiça social, especialmente, por instituições de defesa dos direitos LGBT, que atuam como lobistas por trás das cortinas, influenciando decisões políticas.

O DSM é o documento mais importante da Psiquiatria, pois atua como diretriz, e principal autoridade para o diagnóstico e tratamento de problemas psiquiátricos. Tem um grande poder de inflexão, pois influencia a ciência produzida sobre o assunto, já que artigos e livros publicados devem se alinhar ao DSM, do contrário, são considerados anticientíficos ou sequer são publicados; e também determina como deve ser a prática profissional nos consultórios do mundo inteiro.

O DSM serviu como via de legitimação científica para a desconstrução da ideia de que transexualidade precisa de tratamento; hoje, ela é vista apenas como uma identidade a ser afirmada, com sérios desdobramentos anticientíficos, como a existência de um cérebro transgênero, ou mesmo o enfraquecimento do conceito de sexo biológico com vistas a acomodar uma noção de identidade de gênero.

O doutor Ray Blanchard, nomeado um dos membros da força de trabalho para a escrita do DSM, foi destituído da sua cadeira após uma petição liderada pela National LGBT Task Force, instituição norte-americana sem fins lucrativos que se apresenta como defensora da justiça social e promotora de uma visão progressista de libertação da comunidades lésbica, gay, bissexual, transgênero e *queer*. Ter exigido a remoção do pesquisador do grupo de trabalho, posto que sua obra seria ofensiva e pseudocientífica, e, evidentemente, contra os interesses desses grupos.

Ao ceder a tais grupos, o DSM se posiciona como um documento político-ideológico, e perde sua credibilidade científica, passando a ser um manifesto a favor dos lobistas. Mencionamos também que o grupo de trabalho por trás do DSM apresenta um sério conflito de interesse que compromete a legitimidade do documento. Em *A Comparison of DSM-IV and DSM-5 Panel Members' Financial Associations with Industry: A Pernicious Problem Persists*, Cosgrove and Krimsky[27] examinaram os vínculos dos membros do grupo de trabalho com a indústria farmacêutica, e concluíram que quase 70% destes possuem um conflito de interesse direto que pode comprometer a integridade intelectual do documento.

Após receber críticas em edições anteriores, a Associação Americana de Psiquiatria (APA), responsável por organizar os painéis e publicar o DSM, divulgou os vínculos dos membros responsáveis pela escrita do DSM-5, como forma de conferir transparência ao processo. Porém, Bekelman, Li and Gross[28] revelam que há uma conexão clara entre fonte de financiamento e resultados de pesquisa favoráveis aos interesses dos patrocinadores, o que tem sido descrito como o efeito de financiamento (*funding effect*). Logo, vemos que a simples transparência dos dados com a publicação dos vínculos e conflitos de interesse dos participantes não é suficiente para remediar o enviesamento dos autores. À vista disso, concluímos que o DSM não é um documento isento de influências externas perniciosas, e que os achados científicos (e os interesses dos pacientes) nem sempre são tratados com a prioridade requerida.

Hoje, consultórios e provedores de serviços de saúde de vários lugares do mundo adotam as diretrizes do DSM-5 como verdade científica, e os que tentam questionar ou simplesmente oferecem uma explicação alternativa para diferentes questões, são silenciados, têm suas licenças cassadas e sua reputação manchada. O doutor Ray Blanchard é um exemplo disso. Diferentes associações ligadas a grupos LGBT afirmam que o autor usa suas teorias para promover visões antitrans. Blanchard foi acusado de supremacia branca e de transfobia por discutir uma possível rota de análise para o aumento do número de meninas adolescentes se identificarem como transgênero, o chamado *Rapid Onset of Gender Dysphoria* (ROGD), posto que tal análise invalidaria homens trans. O projeto de destruição da reputação de Blanchard ainda está em andamento, e xingamentos ao pesquisador podem ser vistos por toda a internet.

Começamos o diálogo sobre transativismo pela publicação do DSM-5 porque este documento foi um divisor de águas e grande facilitador para a mudança de paradigma de transexualidade para transgenerismo, e ser *woke* tem tudo a ver com isso.

Os grupos defensores da noção de identidade de gênero construíram uma narrativa em torno de aceitação e diversidade. Mais do que isso, reforçaram que ao patologizar a transexualidade, pessoas transexuais eram estigmatizadas pela sociedade, logo, como o levante da justiça social é defender as minorias marginalizadas, fez sentido despatologizar a transexualidade e passar a tratá-la como uma identidade. As ramificações para essa decisão são muitas, mas uma das mais graves é o enfraquecimento do conceito de sexo biológico e o desmantelamento do sistema de leis, garantias e proteções baseadas em sexo. Sexo importa por muitos motivos, inclusive, por razões legais.

A despatologização da transexualidade abriu os portões para ideias perigosas. Se esses indivíduos não precisam de tratamento, pois não há nada de errado com eles, é preciso fortalecer a ideia de que esses indivíduos nasceram assim. Nascer assim pressupõe não apenas a existência de um cérebro sexuado transgênero, como também a existência de crianças transgêneros, o que pavimentou o caminho para as políticas de afirmação de indivíduos via uso de drogas, cujos efeitos não se conhece a longo prazo, especialmente, se administradas em crianças. O uso da infância como sacrifício ideológico tem sido, provavelmente, a consequência mais nefasta desse novo paradigma *despatologizador* da transexualidade.

Para legitimar essas narrativas, um corpo de estudos amplamente financiado pela indústria farmacêutica entra em cena, com visíveis falhas metodológicas: amostragem insuficiente, não randomização de amostras, falta de controle de grupo ou placebo e estudos longitudinais de curta duração, apenas para mencionar alguns dos problemas. O Protocolo Holandês é, provavelmente, o exemplo que melhor ilustra isso[29]. Ele serviu de inspiração para a implementação de Políticas de Afirmação de Gênero em diferentes países, como Inglaterra, Estados Unidos, Finlândia, Suécia e Dinamarca, por exemplo.

Trabalhos recentes replicaram o estudo que deu origem ao Protocolo Holandês e não encontraram os mesmos resultados. Em especial, duas metanálises intituladas *Evidence review: Gender-affirming hormones for children and adolescent with gender dysphoria* e *Evidence review: Gonadotrophin releasing hormone analogues for children and adolescents with gender dysphoria*, realizadas pelo National Institute for Health and Care Excellence (NICE), revelaram que não melhora a saúde mental dos indivíduos, nem é superior à psicoterapia. Esses achados foram incorporados no trabalho da doutora Hilary Cass, que ficou conhecido como Cass Review, documento-chave que levou o sistema público britânico a questionar a política de afirmação de gênero até então adotada.

Com fins de não ferir os sentimentos daqueles ofendidos pela perspectiva adotada anteriormente, a validação e afirmação dos indivíduos parece ser o caminho mais humano. Os desdobramentos são conhecidos: a criação de uma *novilíngua*, termo adotado por George Orwell na obra *1984*, para acomodar os interesses dos outrora ofendidos e o desenvolvimento de um modelo científico paralelo, estimulado por grandes corporações, que tenta legitimar cientificamente novas verdades. Além disso, se como você se sente tem mais relevância do que a materialidade biológica do seu próprio corpo, qualquer um pode ser mulher, ou homem, ou nenhum dos dois, e sexo biológico passa a ser um marcador diferenciador de baixo ou nenhum valor para organizar as sociedades. Ao permitir que alguém do sexo oposto se torne, pela força da lei, do sexo que deseja, o sistema atual sucumbe: espaços privados antes destinados apenas a mulheres, como banheiros e vestiários públicos, prisões, competições esportivas, concursos de beleza etc.

Em adição, o fortalecimento do conceito de "aliado" se encaixou perfeitamente dentro do paradigma da justiça social, de forma que, mesmo pessoas que não se identificam como transgênero, sentem-se na obrigação moral de apoiar essa causa em nome da diversidade e da inclusão. De transexualidade, uma parafilia experimentada por um grupo limitado de homens, para transgenerismo, uma identidade de gênero de ocorrência natural e benigna, cujo caminho mais lógico seria a afirmação.

Como isso nos afeta? Sociedades liberais maduras deveriam respeitar o direito de expressão dos indivíduos e permitir que cada um viva a sua vida de acordo com seus próprios princípios e desígnios. Sim, não há nada mais iliberal do que tentar controlar o que o outro pode ou não ser, mas também é iliberal tentar controlar o que o outro deve ou não dizer ou pensar, e é nessa encruzilhada que o problema ganha um contorno perigosamente antidemocrático, pois o processo de afirmação envolve terceiros, depende que a sociedade afirme essas novas identidades, do contrário, estes indivíduos estão confinados a viver a sua nova identidade apenas dentro da sua cabeça.

Pessoas visivelmente do sexo masculino exigem ser tratadas como do sexo feminino, e vice-versa, com uma lista de demandas sendo expandida a cada hora. Por exemplo, a linguagem em torno do assunto foi sendo sofisticada; se antes, homens diziam que se identificavam *com* mulheres, em seguida, identificavam-se *como* mulheres, agora, esses homens dizem que *são* mulheres. É a exigência de que abandonemos o óbvio (e científico, devemos acrescentar), a favor de uma noção de que temos que acreditar nos sentimentos do outro a qualquer custo, e mais importante, que esses sentimentos sempre estão corretos, pois a pessoa sabe quem ela é.

Para tal, a validação destes indivíduos se dá através do ajuste de pronomes e concordância nominal, tal como pela ocupação de espaços destinados ao sexo escolhido pela pessoa. O indivíduo se torna do sexo que deseja pela força da palavra, e a palavra, em sua imaginação, cria uma nova realidade em torno da sua própria existência. E todo aquele que discorda daquilo que é observado diante dos seus próprios olhos, é tratado como um fascista ou transfóbico, seja lá o que isso signifique nos dias atuais. O rei está nu, mas precisamos dizer que sua roupa é bela.

Para fazer justiça social, as instituições de ensino e pesquisa passam a desenvolver estudos de baixa qualidade, cujo objetivo é "provar" que "afirmar" indivíduos salva vidas, reduz as chances de problemas mentais, como suicídio, e eleva o bem-estar dos pacientes, alegações desmanteladas pelas metanálises citadas anteriormente. Observamos que o processo de afirmação inclui não apenas a transição social, como mudança de pronomes e apresentação física, mas também o uso de drogas, como bloqueadores de puberdade, e hormônios sexuais, como testosterona e estrogênio; e por fim, pode envolver cirurgias, como dupla mastectomia, histerectomia, faloplastia, vaginoplastia, entre outras.

O que observamos é que o mesmo *modus operandi* contaminou diferentes movimentos, marcado pelo anticientificismo a favor de uma noção de sentimentalismo barato em defesa das minorias ditas fragilizadas.

Todos os tipos de corrupção discutidos no capítulo anterior estão presentes. A corrupção da democracia e da linguagem, haja vista a demanda por aceitação e afirmação passar pela renúncia da sociedade de que sexo biológico seja um marcador imutável e irrevogável. O controle do discurso via proibição de palavras que antes eram usadas para descrever a realidade do mundo material, como mulher, ou via implementação de novos termos que objetivam coibir e silenciar as pessoas que discordam, mesmo nos espaços de trabalho. Inúmeros relatos de pessoas que foram demitidas apenas por manifestarem as suas opiniões. As pessoas estão sendo coagidas a se referirem a homens no feminino, e vice-versa, criando um problema de dissonância cognitiva, ao serem forçadas a expressar uma opinião que difere perversamente daquilo que elas acreditam de verdade.

A corrupção da ciência nunca esteve tão visível. O campo científico é marcadamente um campo político, muito distante dessa noção de neutralidade que mora no imaginário de algumas pessoas. A indústria alimentícia (especialmente, grãos), por exemplo, exerce grande influência nas recomendações de dieta divulgadas por associações de saúde. A indústria de pesticidas influencia pesadamente as diretrizes em torno dos níveis mínimos de segurança para o uso de diferentes produtos nas lavouras do mundo inteiro.

Discussões em torno de grades curriculares, como que disciplinas devem fazer parte dos currículos das escolas, são reconhecidamente marcadas por disputas políticas intensas, pois a remoção de determinados conteúdos representa a demissão de professores e a extinção de cursos universitários destinados a formar tais professores, logo, interesses pessoais e coletivos estão em jogo, e esperar que a decisão seja tomada tendo em vista apenas os interesses dos alunos é ingênuo e simplório. Cada campo do conhecimento é um campo de disputas, e toda interação deixa um rastro de ganhos e prejuízos.

A aproximação de instituições sem fins lucrativos destinadas à defesa dos interesses LGBT no campo científico tem se mostrado profícua, pois essas organizações têm acumulado cada vez mais o poder de moldar políticas públicas que melhor se alinhem aos interesses dos seus grupos. Os pesquisadores, por outro lado, além do senso moral superior de estar fazendo ciência "por uma boa causa", ganham também constante subsídio de fundações e corporações que apoiam a causa LGBT, eliminando um dos estresses que mais acomete o campo científico: a busca por financiamento de pesquisas.

Por fim, a corrupção do caráter, com o desenvolvimento de um novo paradigma de justiça e bondade, que passa pela validação de mentiras para acomodar os sentimentos fragilizados. Nesse sentido, a mentira por uma boa causa passa a ser o novo "os fins justificam os meios", reforçados por expressões como "não custa nada incluir". Exceto, que custa, e custa muito.

VEGANISMO

A influência do pensamento *woke* atravessou diferentes movimentos, dando nova roupagem com toques de corrupção democrática, via discurso forçado, de corrupção científica, via desenvolvimento de uma narrativa paralela que acomoda as novas alegações, e de corrupção de caráter, via ênfase na cultura de vitimização.

O movimento vegano, por exemplo, mudou drasticamente quando foi apropriado pela mentalidade *woke*. Embora o termo veganismo (extraído de vegetarianismo) não tenha sido utilizado antes dos anos 1940, a concepção de humanos abdicarem do consumo de produtos animais data de mais de 2000 anos, com figuras históricas, como Pitágoras, sendo reportados como vegetarianos. Porém, façamos uma distinção para não incorrermos em anacronismo. Pessoas que não se alimentavam de carne eram chamadas de "pythagoreans", e estes acreditavam em reencarnação, de forma que comer um animal poderia significar reencarnar na forma dele, e essa seria a motivação para evitar produtos animais. Não ocorria abstenção total, alguns animais ou partes eram permitidas. Essa noção se diferencia da noção moderna de veganismo, sobretudo, da concepção *woke* de vegetarianismo ou veganismo. Não há documentos escritos por Pitágoras confirmando a sua opção, apenas relatos e citações indiretas, como os textos de Ovídio, Aristóteles e Aristóxenes.

A criação da Sociedade Vegana em 1944 ajudou a popularizar esse estilo de vida, e buscava lutar contra a exploração dos animais para consumo em dieta, para a manufatura de roupas e acessórios, para a caça ou para experimentos médicos. Ou seja, pessoas veganas dessa primeira onda tinham uma relação emocional com as suas dietas, era uma filosofia de vida movida por razões éticas de defesa dos animais. Há, também, pessoas que adotam o estilo de vida vegano por razões religiosas, embora essas pessoas raramente se engajem politicamente sobre o assunto.

O veganismo moderno se ampliou. Ser vegano se tornou uma identidade, uma religião, na qual desinformação e culpabilização fizeram parte do método de expansão. Tornou-se um movimento ideológico com várias ramificações que permitiram a infestação de toda sorte de corrupções.

A primeira delas é a corrupção do caráter, com um falso senso de moralidade superior adotado por aqueles que escolhem viver esse estilo de vida. Frequentemente, vemos a demonização das pessoas que escolhem continuar a consumir produtos animais, com a realização de protestos, que vão desde o constrangimento ou impedimento de entrada de clientes em frente a restaurantes que servem produtos animais, ou até mesmo a vandalização de obras de arte. Uma de nós já foi atacada no trabalho, via intranet, com a postagem da foto de uma pessoa segurando um cartaz que dizia "há sangue nas suas mãos", após um almoço no qual a pessoa vegana confrontou e simulou vômito ao ver o prato com um generoso pedaço de peito de frango.

Para justificar essa superioridade moral, recorreu-se, novamente, ao campo científico, que virou refém de grupos ativistas e grandes corporações, e novas mentiras foram arquitetadas, associando o consumo de carne a prejuízos à saúde e ao meio ambiente*. Porque, para tais grupos, não basta exercer o seu direito de escolha e

---

* Para manter a discussão curta, não vamos explorar as disputas políticas e científicas em torno do assunto, mas registramos que o consenso é absolutamente inexistente.

viver a vida de acordo com a sua própria filosofia, eles precisam provar que a escolha deles é a única viável, superior e moralmente mais aceitável. Não basta que eles não comam carne, eles querem que você não coma também.

Esse elitismo moral é construído a partir da percepção de que a sua própria moralidade seja superior, enquanto reforça ostensivamente a moralidade do outro como imoral ou cruel. Por isso, quando grupos veganos *woke* agem de forma inaceitável (jogando tinta vermelha em monumentos públicos ou propriedades privadas para simular sangue, por exemplo), e atuam com orgulho porque realmente acham que suas ações são moralmente justificadas, embora não estejam, necessariamente, em busca de conectar pontes e estabelecer diálogos, é pelo deleite de punir aqueles que eles consideram imorais, até porque essas pessoas não podem esperar que, após destruir o patrimônio público ou privado, a opinião pública esteja finalmente disposta a ouvi-los. Pelo contrário, tais atitudes apenas pioram os humores.

O campo científico é disputadíssimo, como discutimos em "corrupção da ciência", e não há consenso sobre o tema. É possível encontrar pesquisas dos dois lados do espectro, estudos que defendem o consumo de produtos animais como essencial para diversos processos biológicos, e estudos que tentam provar como a saúde dos seres humanos é aprimorada na ausência de produtos animais.

Porém, quando a paixão dá lugar à razão, e para muitos, essa é uma decisão emocional, os interessados tendem a selecionar apenas os estudos que agradam os seus ouvidos, como um reforço positivo àquilo que eles já determinaram como correto. Selecionar apenas os dados que agradam não é algo exclusivo dos veganos *woke*, é uma tendência humana de tentar racionalizar a sua fé pessoal, porém, como um movimento, isso não era prática. Passa a ser um exercício de grupo quando certo senso de moralidade superior, e de controle do que o outro pode ou não comer, é incorporado no menu vegano *woke*.

Nesse ínterim, pesquisas de má qualidade florescem, especialmente, patrocinadas pela indústria alimentícia, que viu uma oportunidade de abocanhar uma parcela ainda maior do mercado, ao financiar pesquisas com resultados encomendados que visavam demonizar o consumo de produtos animais como maléficos à saúde. O veganismo *woke* transborda e se deleita nessa "nova" ciência e em suas intermináveis associações com tipos de câncer, problemas cardíacos e outros transtornos metabólicos. Pesquisas que não conseguem provar relação de causa e efeito são usadas em blogs que vociferam ódio contra os carnívoros com *slogans* sempre polêmicos.

Mas a verdade é que uma pesquisa de qualidade demora anos para ser concluída, e gasta muito dinheiro também. Estudos randomizados, com controle placebo, amostra adequada e replicáveis são uma raridade na maior parte dos campos de conhecimento. Porém, a agenda é para o presente, não se pode esperar dez anos para saber se algo é verdade ou não, daí se proliferam anedotas e pesquisas de qualidade duvidosa.

E é uma conversa difícil de se ter, ora porque é uma decisão emocional, ora porque, como já sabemos, pessoas *woke* não são particularmente apegadas ao debate. As conversas que ouvimos são enviesadas, motivadas por pautas, a voz que ouvimos é a voz de quem segura o microfone e fala mais alto. Sigamos o dinheiro, e acharemos os mobilizadores das conversas que ganham destaque. Por exemplo, muitas celebridades se tornam públicas defensoras do veganismo, e até mesmo patrocinam documentários na Netflix, mas deixam de mencionar que, frequentemente, são investidores da indústria vegana, como Paul McCartney (empresa da sua esposa, Linda McCartney Foods), Leonardo DiCaprio (Beyond Meat)[30], Megan Markle (marca de café vegano Clevr Blends)[31] e Katy Perry (Impossible Foods)[32], apenas para citar alguns.

O jornal *The Guardian* recebeu quase 900.000 dólares da The Open Philanthropy Project (OPP) para escrever artigos antiprodutos animais. No site da instituição, eles falam que esta concessão foi uma oportunidade para aprender lições sobre a eficácia do patrocínio da mídia, permitindo que o jornal aumentasse a produção de reportagens sobre produtos animais, com a publicação de um ou mais artigos por semana. É a voz do dinheiro que fala mais alto.

Não temos nada contra o veganismo, queremos deixar isso bem evidente. Somos contra a conversa que foi adotada em torno do tema, somos contra o uso da ciência como subterfúgio para distorcer e criar narrativas paralelas, e somos contra a imposição e intrusão dos direitos dos outros. É claro que é possível ser vegano, essa é uma escolha íntima, e não cabe interferência de outros. A pessoa é responsável pela sua dieta, e é igualmente responsável por se instruir usando os melhores dados existentes, e tomar uma decisão informada baseada naquilo que ela conclui ser importante. Mas a pessoa que adota um estilo de vida vegano não deve criar falsas narrativas e usar ciência ruim para justificar a sua própria escolha. A demonização da escolha do outro não é necessária para validar a sua própria escolha. A sua própria escolha não é moralmente superior simplesmente porque é a sua escolha.

Existem verdades científicas não disputáveis em torno desse assunto: alguns aminoácidos não são fabricados pelo corpo, logo, precisam ser consumidos na dieta, e produtos animais são uma fonte de proteína mais completa devido ao seu perfil de aminoácidos e à sua melhor biodisponibilidade. Para consumir a quantidade diária de aminoácidos requerida pelo corpo humano, os veganos precisam aumentar o seu consumo calórico, porque proteínas vegetais apresentam um perfil inferior de aminoácidos. É claro que é possível ser vegano, mas requer um pouco de suplementação, consumo de vitaminas e um entendimento introdutório em nutrição para garantir um estado ótimo de saúde. E por que comer proteína importa? Bem, essa é uma segunda verdade científica, proteínas ajudam a recuperar ossos e fraturas, proteínas ajudam a melhorar a absorção de um monte de nutrientes, proteínas ajudam na preservação da massa muscular, minimizando as chances de sarcopenia, proteínas são termogênicas, não apenas porque gastam mais calorias para serem digeridas, mas também porque participam de outros processos que consomem muitas calorias do corpo, proteínas ajudam a melhorar a sensibilidade à insulina, tão importante para garantir a saúde metabólica dos indivíduos e reduzir as chances de diabetes tipo 2, proteínas são os blocos essenciais de tudo em nosso corpo, pele, cabelo, hormônios, neurotransmissores.

Lembremos que cada pessoa é diferente, e embora o corpo humano seja igual, é também muito diferente, se é que isso faz sentido. Certos alimentos causam inchaço em alguns, e em outros, são bem absorvidos. Pessoas possuem intolerância a diferentes ingredientes, certos alimentos não estão disponíveis em seus cardápios, por limitação local ou financeira, ou mesmo os gostos dos indivíduos variam também, então, uma abordagem moderada e individual é bem-vinda. Mas o *wokeísmo* não trabalha com moderação.

É essa constante demonização das escolhas pessoais dos outros que aborrece o cidadão comum, que jamais se importaria se o seu vizinho é vegano ou não, desde que ele não interfira no seu direito de se alimentar como quiser. Duvidamos muito que os veganos clássicos se ofenderiam com essas verdades científicas, ou que seriam tão dramaticamente intrusivos tentando modificar o comportamento alheio. Sem a politização em nível *woke* — lê-se moralmente superior — do produto animal, essas verdades científicas não seriam um tabu.

É claro que nós acreditamos que animais devem ser tratados sem crueldade, e que algumas práticas da indústria animal são questionáveis e precisam urgentemente de revisão, mas inventar a narrativa paralela de que a dieta vegana, que restringe e corta tantos grupos alimentares, é superior e sustentável para todos os indivíduos do planeta, e a única rota viável, é um absurdo. E se os veganos *woke* tratassem outros seres humanos com a mesma dignidade e respeito com que tratam os animais, muitos problemas seriam evitados.

CAPÍTULO 4

TEORIA *VERSUS* ATIVISMO: É POSSÍVEL ENCAPSULAR O WOKEÍSMO?

JUSTIÇA SOCIAL CRÍTICA, OU PENSAMENTO *WOKE*, É DE ESQUERDA OU DE DIREITA?

Embora a palavra *woke* tenha ganhado conotação negativa devido aos desdobramentos mais recentes, ser uma pessoa consciente das injustiças sociais e das desigualdades de oportunidades faz parte da luta por progresso para tornar o mundo melhor para todos. Porém, o *wokeísmo* se tornou aquilo que mais despreza, da mesma forma como os porcos imitavam seus donos que os oprimiam no livro *A Revolução dos Bichos*, de George Orwell, tal qual pessoas que adotam a lente de percepção *woke* tendem a propagar os mesmos males que tanto condenam, com um comportamento intolerante, que visa, via de regra, controlar o que outros podem pensar ou falar.

Boa parte das pessoas que se identifica ou age como *woke* não compreende a ideologia que tanto defende, para além das frases e palavras de impacto que repetem. Essas pessoas se importam em preservar seu *status* de apoiadores das atitudes corretas sem necessariamente entender os desdobramentos e as consequências das suas escolhas. Muitos nunca leram um livro marxista ou nunca leram um texto pós-estruturalista. Muitos se apresentam como liberais, sem nunca terem lido um único texto do liberalismo clássico. Acusam as pessoas de termos que não sabem definir, como fascistas, creem que cancelamento é, na verdade, responsabilização, e possuem uma compreensão muito infantil e pouco amadurecida do que significa um sistema democrático. Em outras palavras, carecem de um alicerce cultural e histórico mais amplo para entender o passado e o presente, como sugere Camille Paglia. Para a autora, "o pior crime do politicamente correto é ter permitido que as ideologias atuais prejudicassem a nossa noção do passado e reduzissem a história a uma litania de queixas inflamatórias".

Devido a essa carência de visão mais abrangente e ao anti-intelectualismo do *wokeísmo*, vemos jovens de esquerda que agem segundo a cartilha *woke* se denominando liberais, demonstrando um total desconhecimento das principais ideias liberais existentes e de que forma elas geram um conflito insustentável com a maioria das ideias que defendem, logo, tal coexistência se torna inviável, pois se anulam entre si. Isso é apenas um dos produtos dessa anti-intelectualidade fomentada no berço *woke*.

O *wokeísmo* virou "o filho feio que não tem pai", e, em Ciências Humanas e Sociais, não existe um teste de DNA para verificar a paternidade das ideias. Nem todo mundo quer se associar ao *wokeísmo*, ou se apresentar como *woke*, embora as ações de tais indivíduos se enquadrem naquilo que se acredita ser o *wokeísmo*, uma combinação de Teoria Crítica, Teoria Crítica Racial, Justiça Social Crítica, com pitadas de pós-modernismo.

O *wokeísmo* é um alvo em movimento, por isso é tão difícil enclausurá-lo, e isso faz parte do seu projeto anti-intelectual. Se por um lado pessoas que aderem à cartilha *woke* carecem de arcabouço teórico e histórico mais amplos, por outro lado, a forma como essas escolas filosóficas de pensamento se tornaram disciplinas colaborou para aprofundar o pandemônio teórico que é o *wokeísmo*, como discutimos aqui.

TEORIA *VERSUS* ATIVISMO: É POSSÍVEL ENCAPSULAR O WOKEÍSMO?

Enquanto a Teoria Crítica bebe da fonte do neomarxismo que emergiu entre as duas grandes guerras, utiliza-se, também, de ideias pós-modernistas, sobretudo no que tange à desconstrução da verdade e ao uso da linguagem. Por isso, marxistas clássicos se ofendem ao serem associados com as pautas *woke*, porque para eles o marxismo clássico, logo, o marxismo de "verdade", apoia-se no materialismo histórico, no poder econômico, e não pode ser estendido ou traduzido para ideologia ou política de identidade. Pós-modernistas, por sua vez, ofendem-se ao serem associados às pautas *woke*, porque para eles o pós-modernismo de "verdade" (piada pronta, já que para eles não existem verdades) defende que a verdade seja subjetiva e construída socialmente. Se cabe a cada um decidir a sua verdade, ou seja, se cada um tem a liberdade de decidir a sua verdade, o resultado desse processo de liberdade política e autonomia culminaria no Libertarianismo. Porém, a cartilha *woke* foi além. Para eles, existem as verdades corretas, e essas verdades são impostas sobre as verdades de outros indivíduos ou grupos. Se um homem diz que é uma mulher, pois essa é a sua própria verdade, e nós dizemos, em contrapartida, que ele continua sendo um homem, pois essa é a nossa verdade, a última verdade é vista como fascista. Logo, embora o *wokeísmo* tenha utilizado ideias pós-modernistas, ele as transformou em algo diferente.

Muitas vezes, o *wokeísmo* é identificado como liberal, mas carece de apresentar todas as características do liberalismo de "verdade", como, por exemplo, menor intervenção do Estado, igualdade de todos os indivíduos perante a lei, liberdade de associação, de expressão e de discurso. Hoje, em diferentes países do Ocidente, pessoas condenadas que se identificam como transgêneros poderão escolher em qual prisão servirão pena, privilégio concedido, especialmente, a este grupo, em detrimento dos outros, configurando um evidente caso de tratamento especial perante a lei. Mas uma das características antiliberais mais marcantes é a forma como a cartilha *woke* exige maior intervenção estatal com vistas a blindar certos grupos, com a criação de leis, projetos e programas que garantam direitos e privilégios àqueles considerados mais vulneráveis e oprimidos pelo sistema, proposta que os liberais jamais fariam em sã consciência. Leis estão sendo escritas baseadas em Teoria Crítica Racial, currículos ajustados baseados na Justiça Social Crítica, e um bom exemplo disso é o novo Plano Nacional de Educação 2024/2034, que contemplou muitas das pautas defendidas pelo *wokeísmo*, embora não tenha providenciado evidências que demonstrem a necessidade de elas serem implementadas. Ao invocarem a participação cada vez mais intrusiva do Estado, limitam a possibilidade de escolha das pessoas, à medida que criam caixas em torno dos indivíduos, e tornam o espaço coercitivo, criando assim um ambiente perfeito para a mudança social que decidiram ser a correta. Por exemplo, pais que dependam do sistema público educacional terão que conviver com pautas que julgam inapropriadas ou irrelevantes para a educação de seus próprios filhos, ou mesmo que confrontem os seus valores familiares mais íntimos, e não há nada de liberal nisso.

Porém, essa miscelânea de ideias, de conceitos desarticulados, de inconformidades e incoerências, não parece incomodar os *woke*, haja vista o evidente despreparo intelectual do grupo e o desprezo pelo método científico e pela evidência empírica. O Ocidente descende da razão e da obediência às regras do método científico. Entendemos que ao fazermos experimentos, coletarmos e medirmos dados, publicarmos resultados e replicarmos estudos, nós nos afastamos do misticismo e nos aproximamos do mundo da evidência. A Teoria Crítica, um dos alicerces do *wokeísmo*, rejeita essas premissas, pois defende que o próprio fazer científico seria uma contingência social.

Para eles, a incoerência das suas teorias ou das suas ações só existe se interpretada através da lente do fazer científico desenvolvido pelo Ocidente, que é obsoleto e opressor, e deve ser substituído por um modelo mais flexível e subjetivo, não à toa, as emoções e as percepções dos indivíduos ganharam tanto destaque nessa cartilha. Ao usar a lógica, os fatos e os dados, você é categorizado como um membro do Ocidente opressor, portanto, um vilão.

O casamento entre a Teoria Crítica e o Pós-Modernismo tem como último objetivo destruir as verdades do Ocidente, especialmente, as verdades morais. Embora o *wokeísmo* se dedique à desconstrução das instituições e das estruturas sociais do Ocidente, não está claro com que o desejam substituir. Alguns dirão que o *wokeísmo* via pauta transgênero está pavimentando o caminho para o transumanismo, que também rejeita o mundo dado, a natureza e as verdades, tal qual o pós-modernismo. Mas, francamente, embora as pessoas ou grupos que encabeçam os movimentos chancelados pelo pensamento *woke* pareçam saber o que estão fazendo, pois são articulados, bem relacionados, e possuem método, boa parte do "chão de fábrica", daqueles que gravam vídeos nas redes sociais, que usam *hashtags* ditas politicamente corretas, que aderiram e promovem diferentes pautas consideradas *woke*, muitas vezes não saberiam dar uma resposta clara sobre quais os objetivos do movimento, apenas querem ver o circo pegar fogo, ser identificados como virtuosos ou pertencerem ao grupo. No que se refere ao último ponto, é interessante observarmos que fechamos um círculo: antes do Iluminismo, os indivíduos se apoiavam mais na espiritualidade para explicar questões seculares. Com a ascensão do método científico, fenômeno que alguns se referem como a "morte de Deus", vemos a progressiva substituição da fé no código religioso e moral para a fé na natureza material, naquilo que pode ser visto e provado. Talvez, isso tenha colaborado para que os indivíduos desenvolvessem uma falta de propósito, de pertencimento e de significado, e estejam buscando preencher esse vazio identitário se associando a pautas e grupos diversos, por exemplo, não é aleatório que certos grupos se definam como "comunidades". Todavia, com a atual tentativa de derrubada do método científico e a ascensão da subjetividade como elemento norteador da sociedade, o que será que nos espera depois da esquina?

Como vemos, a Justiça Social Crítica nasceu do berço neomarxista da Teoria Crítica, mas selecionou apenas as ideias que corroboram a sua narrativa. Adicionou, também, doses de ideias pós-modernistas, mas uma vez mais, ressignificou os conceitos para um formato que mais lhe agradasse. E por fim, incorporou uma pitada de ideias liberais mal desenvolvidas, e assim fez-se completa. As doutrinas *woke* são difíceis de serem encapsuladas, e isso é parte do seu "charme". Se deliberado ou não, essas doutrinas circulam negando as suas origens, e se empenhando em confundir a todos que tentam estudá-las mais profundamente. É como se estivessem nos convidando a participar de um jogo caótico: "Tentem encontrar a verdade sobre mim...".

É difícil fixar um ponto, e os que aderem a essa cartilha ou agenda não se preocupam em esclarecer as suas incoerências, porque sequer as veem como incoerências. Quanto mais indefinido, melhor, porque assim podem continuar empurrando as bordas dos conceitos até onde quiserem.

São os cavaleiros do Iluminismo do mundo pós-moderno, vivem no porão escuro da anti-intelectualidade, combatendo a razão e a lógica, enquanto se autoproclamam (aos gritos, de preferência), donos das únicas verdades que importam.

A URGÊNCIA DE PENSARMOS PARA ALÉM DE ESQUERDA E DIREITA: QUAL A BATALHA QUE IMPORTA?

É importante que o leitor compreenda que o identitarismo, que é uma das bases do ativismo *woke*, não é exclusivamente de esquerda: é perfeitamente possível um identitarismo de direita (supremacistas brancos e extremistas cristãos são os principais exemplos). Nós não

TEORIA *VERSUS* ATIVISMO: É POSSÍVEL ENCAPSULAR O WOKEÍSMO?

ouvimos sobre os identitários de direita com a mesma frequência que os de esquerda porque, historicamente, aqueles são denominados como reacionários. O fato é que eles existem e são tão prejudiciais à democracia quanto os primeiros. Contudo, o ativismo *woke* é genuinamente de esquerda e é a forma mais atuante de identitarismo que temos hoje.

Para além da questão de ser problemático e polêmico como exibimos neste livro, cabe perguntar: o ativismo *woke* funciona? Consegue reduzir as opressões que diz querer combater? A resposta que encontramos é um indubitável NÃO. Um indivíduo verdadeiramente racista jamais mudará seu comportamento ou sequer perderá sua noite de sono porque foi cancelado virtualmente. Pode-se dizer o mesmo sobre homofobia e misoginia.

O indivíduo que foi cancelado e pede desculpas não o faz em razão de uma sincera reflexão sobre a importância do respeito à diversidade, mas pelo compreensível desejo de que a multidão de ativistas *woke* o deixem em paz. Com isso, o ativista *woke* não consegue uma mudança social real, mas uma avalanche de pedidos de desculpas de indivíduos que, por vezes, apenas cometeram uma falha.

O viés excludente e a virulência promovidos pelo ativismo *woke* tornaram-no um verdadeiro inimigo das causas que eles dizem defender. Ademais, o efeito *woke* tem se tornado um grande presente para a extrema direita, que não perde uma oportunidade sequer para fazer o desserviço de ridicularizar pautas sociais sérias, ainda que não tenham sido infectadas pelo *wokeísmo*. A eleição de Jair Bolsonaro em 2018 e de Donald Trump em 2016 foi uma contundente reação da massa populacional desprezada pela elite da esquerda identitária. O fenômeno tende a se repetir nos próximos anos; políticos de direita e extrema direita estão sendo eleitos em todo o mundo: Viktor Orban, na Hungria; Javier Milei, na Argentina; Andrezj Duda, na Polônia; Narendra Modi, na Índia; Sebastian Kurz, na Áustria; entre outros.

O ativismo *woke* também é ineficaz por outro motivo: sua natureza fratricida. O *wokeísmo* trabalha com uma visão dicotômica do mundo: há o grupo a que ele pertence e há os inimigos. Grupos identitários podem se unir ocasionalmente ao elegerem um inimigo comum — normalmente, o homem branco heterossexual rico, cristão e cis —, mas a união desmorona com enorme facilidade, pois os grupos são tribais e tendem a ver a outra tribo como adversária. Por exemplo: a *drag queen* Rita von Hunty (nome artístico do ator e professor Guilherme Terreri Lima Pereira) foi convidada para palestrar no evento *Women to Watch Summit*. A escritora Djamila Ribeiro[1] manifestou sua insatisfação após o anúncio feito no portal organizador do evento, que disse: "Rita von Hunty é uma *drag queen*, não uma mulher, seja cis ou trans. Realmente não entendi a escolha do evento. Como podem chamar um homem para falar sobre representatividade no 8 de março?". Ou seja, o grupo identitário *mulheres* brigou com o grupo identitário *queer* por um local de evento. Com isso, o ativismo *woke* revela sua tendência autofágica e oportunista. Sim, oportunista, pois a polêmica entre Djamila e Rita revela que o *wokeísmo* trabalha com políticas de bastidores para eliminar concorrentes a posições de destaque.

Sabendo que a hostilidade enquanto método não tem garantido a redução do preconceito e da discriminação, por que o ativismo *woke* insiste tanto no método? Por que não o reformar? Porque odiar é prazeroso e fácil:

> (...) Para o Iluminado, o linchamento virtual não é uma sinalização de virtude barata, vulgar e sádica (como de fato é), mas o ritual sagrado de levar o ímpio a ver a Luz ou pôr os desgarrados de volta no Caminho da Virtude. Tudo isso é extraordinariamente prazeroso. Para os Iluminados, que pertencem, originalmente, a grupos privilegiados — homens brancos, heterossexuais e/ou bem de vida — há o prazer adicional, e masoquista, da confissão da culpa e da autoflagelação, o que lhes

TEORIA *VERSUS* ATIVISMO: É POSSÍVEL ENCAPSULAR O WOKEÍSMO?

redobra a Verdade, a Virtude e a Autoridade Moral (afinal, reconhecer o próprio privilégio exige, supostamente, autossacrifício) (...) O método identitário tem a espetacular vantagem de não dar trabalho nenhum. Você não precisa entender qual é o problema concreto que precisa resolver, nem estudar para saber que medidas precisam ser tomadas para resolvê-lo (...) Basta xingar quem discorda de você. E você nem precisa sair de casa. Não precisa nem sair da frente do computador. Mostrar virtude não exige que alguém seja, de fato, virtuoso, basta um clique (...).[2]

Qualquer pessoa normal pode se perguntar: como chegamos até aqui? Tentando responder essa questão, o antropólogo Antonio Risério, no livro *Sobre o relativismo pós-moderno e a fantasia da esquerda identitária*, argumenta que o que chamou de fascismo identitário teve início no movimento contracultural dos anos 1960, tempos de *flower power* e do slogan "paz e amor."[3] No Brasil, teria começado com o avanço do movimento de redemocratização do final da década de 1970; as lutas de minorias "nasceram — ou renasceram, portanto, de nossas lutas em defesa das diferenças, em favor do respeito fundamental ao outro."[4]

Mesmo sendo ineficiente, o ativismo *woke* segue forte. No capítulo final deste livro, apresentaremos uma discussão sobre como indivíduos de esquerda e de direita* estão reagindo ao ativismo *woke*, que tem empreendido o conflito entre as identidades, negligenciando o clássico conflito de ideias, tão necessário para o avanço social. Nós entendemos que o combate a este perverso movimento está para além de direita e esquerda e precisará da aliança de expoentes de ambos os lados.

---

* Nós entendemos que os termos esquerda e direita são inapropriados, pois tendem a mudar com o tempo e o espaço; a esquerda europeia é diferente da esquerda brasileira. Os termos mais adequados são progressismo e conservadorismo, mas esquerda/direita é um combo profundamente difundido no imaginário popular brasileiro.

COMO A INTELECTUALIDADE DE ESQUERDA E DE DIREITA REAGE AO ATIVISMO *WOKE*

Ao observarmos os noticiários dos Estados Unidos e Inglaterra, assistimos a comentaristas marxistas (às vezes, progressistas) e conservadores expondo seus descontentamentos a respeito do *wokeísmo*. Vladimir Putin, por exemplo, diz que está protegendo a Rússia do *wokeísmo* do Ocidente[5]. É, no mínimo, interessante ver lados políticos tão diferentes criticando o mesmo objeto (ainda que, por vezes, por motivações distintas); há uma explicação para isso.

Entre as motivações comuns entre conservadores e marxistas na reação ao *wokeísmo*, podemos localizar o empenho pela preservação de valores ocidentais caros como liberdade (de pensamento e de expressão) e democracia.

A proteção da liberdade de expressão está comumente associada ao conservadorismo e ao liberalismo. Contudo, bell hooks, que foi uma conhecida teórica feminista negra, progressista e anticapitalista, aponta que a liberdade de expressão deve ser protegida também por ativistas progressistas: "(...) ativistas progressistas devem trabalhar politicamente para proteger a liberdade de expressão, para opor-se à censura. (...)"[6]

Muito antes de toda discussão sobre *wokeísmo*, bell hooks produziu um excelente ensaio em *Outlaw Culture* denunciando a censura e defendendo abertamente a liberdade de expressão, indicando que os progressistas devem defendê-la. hooks[7] argumenta que tanto o movimento feminista quanto a militância negra têm reticências à oposição veemente à censura, e o silenciamento passou a ser um aspecto aceito em ambos os movimentos.

Slavoj Žižek, famoso filósofo marxista esloveno, fez várias análises e duras críticas sobre o ativismo *woke*. Ele argumenta que, embora o *woke* tenha surgido como uma reação legítima contra a discriminação, especialmente contra a discriminação racial, sua aplicação e execução muitas vezes caem em contradições e excessos.

Žižek critica o ativismo *woke* por se concentrar mais na linguagem e no politicamente correto do que na mudança estrutural e efetiva. Žižek pondera que o ativismo *woke* pode estar mais preocupado com a correção política e com um tipo de moralismo performático do que com mudanças substanciais e sistemáticas na sociedade. Além disso, Žižek também demarca suas preocupações sobre a tendência do ativismo *woke* de cancelar e censurar opiniões divergentes, transformando a luta legítima contra a opressão em um discurso moral rígido que pode sufocar o debate e a liberdade de expressão. Em uma entrevista de 2023, ele relatou que foi xingado de fascista por dizer que mulher trans é mulher, mas não de uma maneira tão simples[8].

Žižek considera a política *woke* especialmente perigosa pelo seguinte motivo: os ativistas não têm um projeto de sociedade; eles são puramente viciados no caos pelo caos[9]. Gomes (2022), outro intelectual do campo progressista, chegou a uma conclusão parecida:

> (...) Para efeitos de psicologia social, imagino, pois é mais fácil induzir a uma atitude beligerante consistente e sem cessar quando o inimigo é simples, unidimensional e monoliticamente mau. Não há como garantir o nível necessário de hostilidade à alteridade sem a satanização do outro, preferivelmente de um outro esvaziado de complexidade. Na mesma linha vai a estratégia do repúdio que decorre desta premissa. Ante uma "alteridade opressora" não se negocia politicamente, não se reconhece os seus valores; antes se lhe imputa responsabilidade pela opressão e se abre uma beligerância essencial. **Sem que a alteridade seja simplificada como pura hostilidade e maldade** não se justifica um j'accuse constante, um dedo em riste na cara fazendo o elenco interminável dos crimes e das opressões, a demanda incessante para que grupos históricos em sua

totalidade e todos os seus descendentes reconheçam a sua imprescritível culpa. (p. 69, grifos nossos)

Em *Mestiçagem, identidade e liberdade*, o antropólogo Antonio Risério, que se declara como esquerda democrática, relata um diálogo com Jacob Gorender, militante do Partido Comunista Brasileiro. Risério perguntou a Gorender se além da clandestinidade do militante na sociedade, havia clandestinidade dentro do partido. Gorender respondeu: "De certa forma, sim. Todo intelectual tem dúvidas. A ausência de dúvidas é anti-intelectual. Mas ter dúvidas, naquele contexto, não era permitido. A gente tinha que sufocar as dúvidas. Sufocar as incertezas."[10] Se era desse jeito em um ambiente de militância sofisticada (sim, marxistas de vanguarda são produtos de uma educação clássica e, por vezes, católica, que não deve sequer existir mais no Brasil), o ativismo *woke seria considerado um pesadelo* no que diz respeito à construção do pensamento.

Sobre o autoritarismo que emerge da postura iliberal do ativismo *woke*, um exemplo parece conveniente. Em 2021, Frances Widdowson, uma professora marxista da Mount Royal University (MRU), localizada no Canadá, foi demitida por confrontar a militância *woke*[11]. Para a *Fox News*, a professora afirmou que as políticas identitárias são

> um desvio para distrair as pessoas de se concentrarem na natureza da desigualdade baseada em classes, que na verdade está enraizada em muitos dos desenvolvimentos que estão acontecendo no capitalismo tardio (...) Estamos entrando em uma fase cada vez mais autoritária. As pessoas realmente precisam tomar conhecimento do que está acontecendo. E acho que as universidades foram o primeiro sinal de que estávamos com sérios problemas.

A preocupação da professora é manifestada entre acadêmicos marxistas tradicionais e conservadores. A polêmica revista *Compact*[12] nasceu dessa preocupação: dois conservadores religiosos e um marxista fundaram a revista com o objetivo de combater a "esquerda libertina e a direita libertária". Matthew Schmitz, Edwin Aponte e Sohrab Ahmari fundaram a *Compact* com o objetivo de enfrentar "a superclasse que controla o governo, a cultura e o capital". Trata-se de uma guerra para atacar o identitarismo de esquerda e de direita. Assim como os fundadores conservadores, Edwin Aponte (o fundador marxista, que foi membro do Democratic Socialists of America) estava cansado das "políticas identitárias, vitimismo e interseccionalidade".

As críticas dos marxistas clássicos ao ativismo *woke* são curiosas e até mesmo irônicas, pois embora possam ser justas, sem o ativismo *woke*, o marxismo estaria, provavelmente, enterrado. É o que diz o jornalista Chris Cutrone num artigo intitulado *O fim do marxismo millenial*[13], publicado na revista *Compact*. Contudo, Cutrone corrobora as críticas por Frances Widdowson, professora marxista canadense:

> A esquerda millennial não é, como gosta de imaginar, a encarnação atual do marxismo — "interseccionando" as preocupações da exploração imperialista internacional e baseada em classes, bem como raça, sexo e opressão de gênero. Em vez disso, reproduziu a liquidação do marxismo histórico que ocorreu nas várias fases do século passado, reanimando o cadáver de todos os mitos antigos e autoilusão de pesadelo.

A reação contrária ao *wokeísmo* por parte dos marxistas se dá também por um motivo bastante caro a eles. Em *(In)justiça social: desmontando mentiras e teorias absurdas sobre raça, gênero e identidade — os males autoritários do politicamente correto*, Helen Pluckrose e James Lindsay (2022), dois autores progressistas, apontaram que os movimentos que se apoiam no conceito de interseccionalidade negligenciaram uma variável clássica da Sociologia: a classe social.

A classe social foi substituída pelo conceito de privilégio, que é central nos cânones identitários e surgiu no debate público a partir da publicação do livro *White Privilege*, da escritora Peggy McIntosh, em 1989. A autora se dedicou a discutir o privilégio branco, mas "o conceito de privilégio social foi logo estendido a outras categorias identitárias — homem, heterossexual, cisgênero, magro, fisicamente apto e assim por diante"[14]. O termo descreve a falta de discriminação ou privação que sujeitos inseridos nas categorias acima experimentam. Com isso, **a consciência de privilégio substituiu a consciência de classe**, conceito central no marxismo. O desenvolvimento da teoria da interseccionalidade deu base para o ativismo *woke* (e até estudos acadêmicos) concluir que o problema do Ocidente é o conjunto de homens heterossexuais, brancos e cisgêneros, tornando a luta de classes um problema secundário, ou inexistente.

Para os marxistas clássicos, parece irrazoável considerar que um homem heterossexual, branco e cisgênero, mesmo sendo pobre, seja mais privilegiado do que uma mulher negra, lésbica e rica. É exatamente o que discute o cientista político Adolph Reed Jr, um marxista negro que critica a utilização da dimensão raça em detrimento da dimensão classe, o que levaria a um reducionismo racial:

> O sociólogo Rogers Brubaker faz uma distinção nítida entre categorias de prática, como ele as descreve, e categorias de análise. Categorias de prática são as categorias que usamos no dia a dia e queremos examinar. Faz sentido que a raça possa ser objeto de estudo. O problema é que, quando usamos raça como categoria de análise, o que estamos fazendo é empregar a noção que presume que uma abstração é uma coisa real que tem impacto no mundo.

TEORIA *VERSUS* ATIVISMO: É POSSÍVEL ENCAPSULAR O WOKEÍSMO?

> O reducionismo racial é, em última análise, algumas coisas. Uma delas é a presunção de que a raça como categoria pode explicar os fenômenos sociais. A outra é que toda mágoa, injustiça, conflito que de alguma forma afeta uma pessoa de cor, ou uma pessoa de não cor, pode ser reduzida à raça, ou pode ser reduzida causalmente à raça ou ao racismo. (...) E as políticas podem não ter nada a ver com raça. (...)
> Nem todo mundo que está sofrendo sob o neoliberalismo é negro, e nem todos os negros estão sofrendo sob o neoliberalismo. Alguns deles estão indo muito bem, na verdade, como mostra a diferença de riqueza.[15]

Reed é um intelectual bastante polêmico e argumenta que a esquerda está muito focada na raça e não o suficiente na classe. Segundo ele, vitórias duradouras foram alcançadas quando a classe trabalhadora e as pessoas pobres de todas as raças lutaram ombro a ombro por seus direitos.

Por conta de seu pensamento desalinhado ao *wokeísmo* racial, Reed, que leciona Ciência Política há 50 anos na Universidade da Pensilvânia e foi criado em meio à segregação racial do Sul dos Estados Unidos, foi acusado de não ter "consciência racial" e teve sua palestra no Democratic Socialists of America (DAS) cancelada por jovens ativistas *woke*:

> Eu me diverti quando isso aconteceu, mas é um movimento padrão que as pessoas fazem. É uma flecha na aljava. Para ser honesto, cheguei a achar especialmente irritante quando pessoas brancas me dão uma palestra sobre eu não entender a profundidade do racismo nos Estados Unidos. Significa que seu amigo negro lhes contou.[16]

Reed foi convidado para ministrar no DSA da cidade de Nova York, mesmo local em que nasceu o ativismo de esquerda de Alexandria

Ocasio-Cortez. Ele planejava argumentar que o intenso foco da esquerda no impacto desproporcional do coronavírus sobre as pessoas negras minava a organização multirracial, que ele vê como fundamental para a saúde e a justiça econômica. Em meio a murmúrios de que os opositores poderiam interromper sua palestra, Reed e os líderes do DSA concordaram em cancelá-la, um momento marcante, já que talvez a organização socialista mais poderosa do país rejeitou a fala de um professor marxista negro por causa de suas opiniões sobre raça. Segundo Reed, a esquerda *woke* tem "objeção militante a pensar analiticamente".

Adolph Reed não está sozinho no entendimento que a construção contemporânea de raça é exagerada[17]. Cornel West, Barbara Fields, Toure Reed (filho de Adolph) e Bhaskar Sunkara são nomes que se somam a Reed. Eles veem a ênfase atual na política baseada na raça como um beco sem saída. É importante dizer que eles não negam a realidade bruta da história racial dos Estados Unidos e do preço do racismo. Eles argumentam, no entanto, que os problemas que agora atormentam os Estados Unidos — como a desigualdade de riqueza, a brutalidade policial e o encarceramento em massa — afetam americanos negros e pardos, mas também muitos americanos brancos pobres e da classe trabalhadora.

Numa perspectiva similar, no livro *Como o racismo criou o Brasil*, o professor progressista Jessé Souza*, ao tecer severas críticas ao conceito de lugar de fala desenvolvido por Djamila Ribeiro, aponta que "(...) falar de espaço social abstratamente, sem o pertencimento de classe, equivale a cometer o pecado para o qual Pierre Bourdieu (...) já havia chamado a atenção"[18]. Mesmo reconhecendo que o racismo é um problema social grave no Brasil, Souza (2021) demarca a distinção de classe:

---

* Jessé Souza é pesquisador ideologicamente filiado ao progressismo e, assim como os conservadores, também aponta o autoritarismo que pode existir nas políticas identitárias.

(...) as mulheres negras que estudamos na "ralé brasileira" (...) não me parecem ter nada em comum com Djamila, a não ser a cor da pele. Mesmo as mulheres brancas e pobres da favela, onde são evidentemente minoria, não me parecem ter qualquer semelhança com o mundo social de intelectuais negras de classe média.[19]

Para Reed[20], a esquerda passou a ter uma obsessão com disparidades raciais, insistindo que raça e racismo são determinantes fundamentais da existência de todas as pessoas negras. Para ele, isso colonizou o pensamento de várias correntes progressistas e até liberais.

Bhaskar Sunkara, fundador da revista *Jacobin*, afirma que a esquerda se tornou *woke* quando passou a se envolver em batalhas por símbolos raciais, por estátuas e por linguagem, em vez de ficar de olho em mudanças econômicas fundamentais. Sunkara diz: "Se eu dissesse a você: 'Você foi demitido, mas conseguimos renomear Yale para o nome de outra pessoa branca', você me olharia como se eu fosse louco."[21]

Pablo Poles, em *Machismo, racismo, capitalismo identitário*, também demonstra uma compreensão semelhante ao de Reed: "(...) o capitalismo absorve as pautas identitárias e converte as lutas antiopressão (especialmente machismo e o racismo) em algo lucrativo."[22] Ou seja, o ativismo *woke* não rompeu a opressão de nenhum grupo, mas deixou empresas e ativistas mais ricos. De acordo com Pedro Franco em *O identitarismo e o mundo real*, a penetração do identitarismo no meio corporativo é a prova irrefutável que o ativismo *woke* conseguiu sair das baías universitárias e adentrou o mundo real, pois "(...) talvez não haja esfera da sociedade mais conhecida pelo seu pragmatismo, pela sua valorização da eficácia em vista de metas objetivas, pela sua gravitação inevitável em torno de resultados concretos do que o meio corporativo"[23].

A defesa da existência de estruturas sociais racistas, objetivos vagos e exclusivismo político convenceram corporações a aderirem ao identitarismo, não necessariamente por consciência social; aliás, ao que tudo indica, essa adesão se dá como estratégia de relações públicas para silenciar as agitadas vozes ativistas.

O ACOLHIMENTO DOS CANCELADOS PELO ATIVISMO *WOKE* — CAMINHOS PARA ENFRENTAMENTO

Neste livro, nós mostramos que o ativismo *woke* produz resultados devastadores, mas continua operante. A boa notícia é que é improvável que os ativistas *woke* se mantenham no poder indefinidamente; eles são uma espécie de *soft power*. Quanto mais o *wokeísmo* avança e mostra sua intolerância, mais pessoas passam a denunciar suas crueldades.

Ao que parece, estamos vivendo um momento político importante que pode vir a definir como será a vida social nos próximos anos. A impaciência da opinião pública com a histeria e o radicalismo coletivo, com a constante mentalidade de vitimização, com o autoritarismo cego daqueles que se consideram moralmente superiores, parece ter atingido um ponto de exaustão. A lavagem *woke* das empresas e suas campanhas de marketing matizadas com hipocrisia não passam despercebidas. A intrusão nos direitos dos outros, a forma como certos grupos buscam tratamento especial perante a lei, e como, em nome da igualdade, estão dispostos a atacar os direitos de outros grupos, virou tema recorrente das conversas informais do dia a dia, e, cada vez mais, a opinião pública rompe os porões do medo do cancelamento para se posicionar nessa guerra cultural.

Em especial, as repercussões em torno do transgenerismo moderno foram um ponto de inflexão. A tentativa de destruir as instituições baseadas em sexo através do apagamento da mulher, e o ataque à inocência e à infância com a defesa do uso de drogas experimentais em crianças, levaram conservadores e esquerdistas a se unirem nessa guerra cultural.

A exploração esgotada da pauta racial, das orientações sexuais e das ditas identidades de gênero chegou a um ponto de autodestruição, o que era de se esperar, já que o pensamento *woke* prospera no caos e na destruição, pois, desde o princípio, o *wokeísmo* trabalhou para o desmantelamento das estruturas e das instituições sociais, inclusive acadêmicas.

O ativismo *woke*, em especial, nunca teve uma meta, um ponto de chegada, e nunca se preocupou em descrever o que para eles seria o mundo perfeito e justo forjado após a terra arrasada. É fácil identificar as motivações dos financiadores de diversas agendas *woke*. Por exemplo, no veganismo *woke* vemos que a demonização de um grupo alimentar visa abrir mercados para produtos baseados em plantas. Na pauta de identidade de gênero, vemos a abertura de um mercado afluente que inclui produtos médico-hospitalares, medicamentos, procedimentos estéticos e cirúrgicos, serviços de fertilidade, entre outros. As motivações financeiras são indisfarçáveis, mas mesmo que esses investidores sejam tão poderosos, eles só podem influenciar o percurso do trem, não podem controlar por completo a rota. O motor financeiro que move esse vagão continua a injetar recursos para avançar essa agenda, porém, eles não parecem possuir uma estação de chegada, o itinerário pode mudar de acordo com os humores e interesses dos envolvidos, por isso é tão importante que, por mais que nos achemos óbvios e repetitivos, continuemos a defender os valores democráticos que consideramos tão preciosos.

A própria dificuldade em definir hoje o que significa *woke* já dá indícios de falecimento. Essa indefinição pode ser precursora da sua dissolução ou desaparecimento. As máscaras morais estão caindo e as pessoas não acreditam que ser *woke* significa ser uma pessoa que se importa com injustiças sociais, nem que ser *antiwoke* significa que a pessoa seja insensível a diversos problemas sociais, porque, sim, muitos desses problemas são reais.

O radicalismo das ideias *woke* torna esse pensamento indigerível para a maior parte da população, logo, é de se compreender porque o *wokeísmo* ficou reservado a certos nichos, que só romperam a gaiola devido à ajuda das plataformas sociais e da mídia, que enxergaram uma possibilidade de negócio irrecusável, e, claro, por causa da pandemia.

De forma prática, ninguém gosta de socializar com pessoas que policiam o tempo inteiro o que os outros falam, que tentam modificar o comportamento alheio, e que julgam as escolhas e preferências dos amigos. Por isso, pessoas que se consideram *woke* talvez continuem a existir, mas serão cada vez mais constrangidas a voltar para seus nichos, onde poderão ruminar coletivamente sobre as ofensas sofridas, e validar comunitariamente as suas próprias fraquezas como forma de reforçar seu falso *status* de opressão. Essas pessoas serão empurradas de volta para as suas bolhas, suas câmaras de eco, onde seus pares os esperarão.

Uma hora, as pessoas ficarão cansadas de ouvir um histérico gritar "fascista" a cada duas horas. Ninguém aguenta viver sob histeria por muito tempo; vai passar. Até lá, é fundamental que indivíduos que prezam pela liberdade, pela democracia e pela justiça, de direita ou de esquerda, levantem-se para combater esse movimento insano. Também é fundamental investirmos em estratégias.

Nina Power, doutora em Filosofia pela Middlesex University e professora de Filosofia na Roehampton University, publicou um artigo na revista *Compact* intitulado *Contra a intolerância progressista*[24], o qual ela faz um alerta importante para aqueles que estão reagindo à intolerância progressista. Ela diz:

> Opor-se à intolerância progressista requer não apenas defender a verdade, mas superar o medo de ser denunciado por se relacionar com o tipo errado de pessoas (apoiadores de Trump, cristãos conservadores, feministas radicais, céticos da covid, faça a sua escolha)." (tradução nossa)

Contra a falsa pureza do "bom" — aquelas pessoas marcadas pela total conformidade com a ideologia do regime e tratamento desumano dos outros — **devemos abraçar aqueles que já foram expulsos do Reino de Woke e aqueles com quem compartilhamos os primeiros princípios, independentemente sobre o que mais podemos discordar. Os progressistas estão apenas fingindo ser legais:** quando eles procuram a marca das bruxas ou declaram que você falou com a pessoa errada, ou teve a ideia errada, ou assistiu ao documentário errado quando você nem estava na mesma cidade, nós devemos responder, se for o caso, com: "E?". **Contra o maniqueísmo progressista, devemos fazer amigos e permanecer leais àqueles que veem os fundamentos da mesma maneira que nós, independentemente do que possamos discordar. Afinal, precisamos de algo para conversar no campo de batalha.** (tradução nossa, grifos nossos)

O termo *woke* vem do inglês acordado. Se você não é *woke*, você é um ignorante adormecido, que, apenas através da libertação via pensamento crítico e do questionamento das verdades subjetivas, pode vir a despertar. Sem esse rito de passagem, esse batizado ideológico, você jamais será *woke* o suficiente, logo, jamais será digno. Você pode lutar contra variadas formas de injustiça, reconhecer que o racismo existe e estar atento ao preconceito, à corrupção e à violência contra diferentes grupos, mas se não aderir à cartilha completa, jamais será merecedor.

É irônico que ser *woke*, ao pé da letra, significa ser acordado, porque os *woke* vivem em um sono ideológico profundo e entorpecente. Você pode chacoalhar, jogar água gelada, abrir as cortinas, apresentar dados estatísticos, apresentar evidência científica, refutar argumentos com lógica e racionalidade, e mesmo assim nada os remove desse pesadelo obcecante que eles chamam de lado certo da história.

REFERÊNCIAS BIBLIOGRÁFICAS

ABBRUZZESE E, LEVINE SB, MASON JW. *The Myth of "Reliable Research" in Pediatric Gender Medicine: A critical evaluation of the Dutch Studies-and research that has followed.* J Sex Marital Ther. 2023;49(6):673-699.

AITKEN M, STEENSMA TD, BLANCHARD R, VANDERLAAN DP, WOOD H, FUENTES A, SPEGG C, WASSERMAN L, AMES M, FITZSIMMONS CL, LEEF JH, LISHAK V, REIM E, TAKAGI A, VINIK J, WREFORD J, COHEN-KETTENIS PT, DE VRIES AL, KREUKELS BP, ZUCKER KJ. *Evidence for an altered sex ratio in clinic-referred adolescents with gender dysphoria.* J Sex Med. 2015 Mar;12(3):756-63.

AKOTIRENE, Carla. *Interseccionalidade.* São Paulo: Editora Jandaíra, 2020.

ALMEIDA, Silvio. *Racismo Estrutural.* São Paulo: Editora Jandaíra, 2018.

AVELAR, Idelber. *O bolsonarismo e o Partido dos Trolls. Dossiê Cultura do Cancelamento.* Revista *Cult*. São Paulo. Edição 258. p.35-41. Jun 2020.

BEKELMAN JE, Li Y, GROSS CP. *Scope and impact of financial conflicts of interest in biomedical research: a systematic review.* JAMA. 2003 Jan 22-29;289(4):454-65.

BIGGS M. *The Dutch Protocol for Juvenile Transsexuals: Origins and Evidence.* J Sex Marital Ther. 2023;49(4):348-368.

BOCK-CÔTE, Mathieu. *O Império do Politicamente Correto.* São Paulo: É Realizações, 2021.

BUTLER, Judith. *Discurso de ódio: uma política do performativo.* São Paulo: Editora Unesp, 2021.

CAMARGO, Anamaria. *As falácias da superioridade moral ante a tragédia humana.* In: XAVIER, Dennys. *Thomas Sowell e a aniquilação de falácias ideológicas.* São Paulo: LVM Editora, 2019.

CONSCIONI, Fernando José. *Universidade, identitarismo e o espírito do nosso tempo.* In: RISÉRIO, Antonio (Org.) *A crise da política identitária.* Rio de Janeiro: Topbooks Editora, 2022.

COSGROVE L, KRIMSKY S. *A comparison of DSM-IV and DSM-5 panel members' financial associations with industry: a pernicious problem persists.* PLoS Med. 2012;9(8):e1001190.

CRENSHAW, Kimberlé. *Margins: Intersectionality, Identity Politics, and Violence against Women of Color.* Stanford Law Review. Vol. 43, No. 6 (Jul., 1991), pp. 1241-1299.

DALRYMPLE, Theodore. *Podres de mimados: as consequências do sentimentalismo tóxico.* São Paulo: É Realizações, 2015.

DE GRAAF NM, CARMICHAEL P, STEENSMA TD, ZUCKER KJ. *Evidence for a Change in the Sex Ratio of Children Referred for Gender Dysphoria: Data From the Gender Identity Development Service in London (2000-2017).* J Sex Med. 2018 Oct;15(10):1381-1383.

DONNELLY, Kevin. The Dictionary of *Woke*: How Orwellian Language Control and GroupThink are Destroying Western Societies. Wilkinson Publishing, 2022.

FRANCO, Pedro. *O identitarismo e o mundo real — as implicações práticas no mundo real.* In: RISÉRIO, Antonio (Org.) *A crise da política identitária.* Rio de Janeiro: Topbooks Editora, 2022.

FROMM et al. *Getting to know Gen-Z: how the pivotal generation is different than Millennials.* Barkley, inC. and FutureCast, 2019.

GABAY, Rahav; HAMEIRI, Boaz; RUBEL-LIFSCHITZ; Tammy; NADLER, Arie. *The tendency for interpersonal victimhood: The personality construct and its consequences.* Personality and Individual Differences. Volume 165, October, 2020.

GAMALDO CE, ALY FF, CURREN, C. *Overview of generations in the workplace.* In: Talmon GA, Beck-Dallaghan GL, editors. Mind the gap: generational differences in medical education. North Syracuse: Gegensatz Press; 2017. pp. 151—158.

PACHE, Gilles. *Woke Culture Syndrome: Is Research in Management Under Threat?.* Journal of Management Research. Vol 14, No 1, Fev., (2022).

GIROUX, H.A. Hegemony, resistance, and the paradox of educational reform. Interchange 12, 3—26 (1981).

GIROUX, H.A. *Critical Theory and Rationality in Citizenship Education.* Curriculum Inquiry. Vol. 10, No. 4 (Winter, 1980), pp. 329-366.

GIROUX, Henry. *Henry Giroux on Democracy Unsettled: from critical pedagogy to the war on youth — an interview concedida a Michael Peters.* Policy Futures in Education. Volume 10 Number 6, 2012.

GOMES, Wilson. *Pequeno manual identitário para silenciar os críticos e se blindar contra a crítica e o dissenso em 5 passos.* In: RISÉRIO, Antonio (Org.). *A crise da política identitária.* Rio de Janeiro: Topbooks Editora, 2022.

_____. *Caminhos e descaminhos da política de identidade hoje: origem, ideologia e estratégias.* In: RISÉRIO, Antonio (Org.). *A crise da política identitária.* Rio de Janeiro: Topbooks Editora, 2022.

_____. *O cancelamento da antropóloga branca e a pauta identitária.* In: RISÉRIO, Antonio (Org.). *A crise da política identitária.* Rio de Janeiro: Topbooks Editora, 2022.

GRESS, Carrie. *Anti-Maria desmascarada: resgatando a cultura do feminismo tóxico.* Fundão: Cristo e Livros, 2022.

GROVE, Lilyth Ester. *A violência do essencialismo e do universalismo: o que define uma mulher?* Dossiê: Feminismos e a violência do conceito único de ser mulher. Revista *Cult*. edição 258.

HOFSTADTER, Richard. *Anti-intelectualismo nos Estados Unidos.* Rio de Janeiro: Paz e Terra, 1963.

HOOKS, bell. *Outlaw Culture.* Nova York: Routledge, 1994.

HOOKS, bell. *A gente é da hora: homens negros e masculinidade*. São Paulo: Elefante, 2022.

HOOKS, bell. *The will to change: men, masculinity and love*. Nova York: Washington Square Press, 2004.

HOOKS, bell. *Olhares negros: raça e representação*. São Paulo: Elefante, 2019.

HOOKS, bell. *Rock my soul: black people and self-esteem*. Nova York: Atria books, 2003.

KREEFT, Peter. *Como destruir a civilização ocidental*. Campinas: Vide Editorial, 2023.

LACERDA, Marcos. Foucault identitário? In: RISÉRIO, Antonio (Org.) *A crise da política identitária*. Rio de Janeiro: Topbooks Editora, 2022.

LACKSO, Madeleine. *Cancelando o cancelamento: como o identitarismo da militância tabajara ameaça a democracia*. São Paulo: LVM Editora, 2023.

LEINUNG MC, JOSEPH J. Changing Demographics in Transgender Individuals Seeking Hormonal Therapy: Are Trans Women More Common Than Trans Men?. Transgend Health. 2020 Dec 11;5(4):241-245.

LILLA, Mark. *A mente imprudente: os intelectuais na atividade política*. Rio de Janeiro: Record, 2017.

LORDE, Audre. *Irmã Outsider*. Belo Horizonte: Autêntica, 2020.

KALTIALA-HEINO R, SUMIA M, TYÖLÄJÄRVI M, LINDBERG N. Two years of gender identity service for minors: overrepresentation of natal girls with severe problems in adolescent development. Child Adolesc Psychiatry Ment Health. 2015 Apr 9;9:9.

KINCHELOE, Joe. *Knowledge and Critical Pedagogy: An Introduction*. Explorations of Educational Purpose (EXEP, volume 1), 2008.

KRAKAUER, Eric L. (1991). *The Disposition of the Subject: Adorno's Dialectic of Technology*. Dissertation, Yale University.

KNOWLES, Michael. *Cale-se: quem controla a opinião, controla as mentes*. São Paulo: LVM Editora, 2022.

KUMASHIRO, Kevin. Against Repetition: Addressing Resistance to Anti-Oppressive Change in the Practices of Learning, Teaching, Supervising, and Researching. Harvard Educational Review 72(1), April 2002.

MAESTRI, Marcio. A racialização do Brasil. In: FRY, Peter et ali.(Orgs) *Divisões perigosas: políticas raciais no Brasil contemporâneo*. Rio de Janeiro: Civilização Brasileira, 2007.

MAIDEL, Barbara. Missionários nas redações. In: RISÉRIO, Antonio (Org.) *A crise da política identitária*. Rio de Janeiro: Topbooks Editora, 2022.

MARTINEZ, Jeudiel. Para dar um fim ao juízo militante: fronteira, purificação e censura nas guerras culturais. In: RISÉRIO, Antonio (Org.) *A crise da política identitária*. Rio de Janeiro: Topbooks Editora, 2022.

MAULTASCH, Gustavo. *Contra toda censura: pequeno tratado sobre a liberdade de expressão*. São Paulo: Avis Rara, 2022.

MCWORTHER, John. *Losing the race: self-sabotage in Black America*. Nova York: The Free Press, 2000.

MCWORTHER, John. *Woke Racism*. Nova York: Penguin, 2021.

_____. The Herd Mentality Is All Around Us. I Still See Hope for Diversity of Thought. Disponível em: https://www.nytimes.com/2022/08/19/opinion/herd-mentality.html%20 (Acesso em:31/08/22).

MERQUIOR, José Guilherme. *O marxismo ocidental.* São Paulo: É Realizações, 2018.
MURRAY, Douglas. *A guerra contra o Ocidente.* São Paulo: Avis Rara, 2022.
MURRAY, Douglas. *The Madness of Crowds: Gender, Race and Theory.* Londres: Bloomsbury Continuum, 2020.
MURAY, Phillipe. *O império do bem: a ditadura do politicamente correto.* São Paulo: Avis Rara, 2022.
NASCIMENTO, Leticia. *Transfeminismo.* São Paulo: Jandaíra, 2021.
NATIONAL Institute for Health and Care Excellence (NICE). *Evidence review: Gonadotrophin releasing hormone analogues for children and adolescents with gender dysphoria.* 2020.
NATIONAL Institute for Health and Care Excellence. (NICE). *Gender-affirming hormones for children and adolescents with gender dysphoria.* 2020.
PAGLIA, Camille. *Free Speech and the Modern Campus.* Provocations: Collected Essays on Art, Feminism, Politics, Sex, and Education. Patheon, 2018.
POLESE, Pablo. *Machismo, Racismo, capitalismo identitário: as estratégias das empresas para as questões de gênero, raça e sexualidade.* São Paulo: Hedra, 2020.
PLUCKROSE, Helen. LINDSAY, James. *(In)justiça social: desmontando mentiras e teorias absurdas sobre raça, gênero e identidade – os males autoritários do politicamente correto.* São Paulo: Avis Rara, 2022.
PLUCKROSE, Helen. LINDSAY, James. *How Activist Scholarship Made Everything about Race, Gender, and Identity-And Why This Harms Everybody.* Londres: Swift Press, 2020.
RANGEL, Ricardo. *O identitarismo, suas contradições, seus equívocos.* In: RISÉRIO, Antonio (Org.) *A crise da política identitária.* Rio de Janeiro: Topbooks Editora, 2022.
RISÉRIO, Antonio. *Um demônio chamado Ocidente.* In: RISÉRIO, Antonio (Org.) *A crise da política identitária.* Rio de Janeiro: Topbooks Editora, 2022.
_____. *Mestiçagem, identidade e liberdade.* Rio de Janeiro: Topbooks Editora, 2023.
_____. *Sobre o relativismo pós-moderno e a fantasia fascista da esquerda identitária.* Rio de Janeiro: Topbooks, 2019.
RUBIN, Gayle. *Thinking Sex: Notes for a Radical Theory of the Politics of Sexuality.* VANCE, Carole. *Pleasure and Danger: Exploring Female Sexuality.* Rivers Oram Press, 1993.
SCHONS, Marize. *O mínimo sobre Marx.* Campinas: O mínimo, 2024.
SORJ, Bernardo. *Memória, vitimização e o futuro do Brasil.* In: FRY, Peter et ali.(Orgs) *Divisões perigosas: políticas raciais no Brasil contemporâneo.* Rio de Janeiro: Civilização Brasileira, 2007.
SOUZA, Jessé. *Como o racismo criou o Brasil.* Rio de Janeiro: Estação Brasil, 2021.
SOWELL, Thomas. *The Vision of the Anointed; self-congratulation as a Basis for Social Policy.* Nova York: Basic Books, 1995.
STOCKMAN, Norman. *Antipositivism Theories of the Sciences: Rationalism, Critical Theory and Scientific Realism.* Springer, 1983.
TEIXEIRA, Jerônimo. *Apresentação. A grande fileira das ideias prontas. Dossiê: Cultura do Cancelamento.* Revista Cult, edição 258.

TEIXEIRA, Carlos. MEDEIROS, Tiago. *O identitarismo e a mediocridade nacional*. In: RISÉRIO, Antonio (Org.) *A crise da política identitária*. Rio de Janeiro: Topbooks Editora, 2022.

TOSI, Justin. WARMKE, Brandon. *Virtuosismo moral: grandstanding: as ideias por trás dos cancelamentos, boicotes e difamações nas redes sociais*. Barueri: Faro Editorial, 2021.

WILLIAMS, Joanna. *The Corrosive Impact of Gender Ideology*. Londres: Civitas, 2020.

ZUCKER KJ. *Epidemiology of gender dysphoria and transgender identity*. Sex Health. 2017 Oct;14(5):404-411.

NOTAS

INTRODUÇÃO

1. 1995, p. 3.
2. 2019, p. 18.3
3. 2023.
4. GOMES, 2022, p. 57.
5. 2022.
6. KREEFT, 2023, p. 50.

CAPÍTULO 1 — O QUE É ATIVISMO *WOKE*?

1. Referência: Como evoluiu o significado da palavra "*woke*"? (economist.com) (Acesso em 11/04/23).
2. Disponível em: *If You're Woke You Dig It; No mickey mouse can be expected to follow today's Negro idiom without a hip assist. If You're Woke You Dig It - The New York Times* (nytimes.com) (Acesso em 10/04/23).
3. Disponível em *BBC Radio 4 - Woke: The Journey of a Word* (Acesso em 10/04/23).
4. Disponível em: https://www.publicbooks.org/if-youre-woke-you-dig-it-william-melvin-kelley/ (Acesso em 14/04/24).
5. Disponível em: https://www.publicbooks.org/if-youre-woke-you-dig-it-william-melvin-kelley/ (Acesso em 14/04/24).
6. Tradução livre. Original disponível em: Como evoluiu o significado da palavra "*woke*"? (economist.com) (Acesso em 10/04/23).
7. Tradução livre. Original disponível em: Como evoluiu o significado da palavra "*woke*"? (economist.com) (Acesso em 10/04/23).
8. LORDE, 2020, p. 155.
9. LORDE, 2020, p. 135.
10. Disponível em: *Woke* Definition & Meaning - Merriam-Webster (Acesso em 10/04/23).
11. 1991.
12. 2024.

13. 2022.
14. GIROUX, 2012.
15. GIROUX, 1981.
16. GIROUX, 1980.
17. KINCHELOE, 2008.
18. 2002.
19. Tradução livre. Disponível em: https://www.nytimes.com/2022/08/19/opinion/herd-mentality.html%20 (Acesso em 31/08/22).
20. Gamaldo, Aly & Curren, 2017.
21. 2019.
22. A matéria pode ser lida no Jornal *The Telegraph*, cujo título é *Channel 4 boss blames social media for Gen Z's lack of workplace skills.*

CAPÍTULO 2 — PRINCÍPIOS E MECANISMOS DE OPERAÇÃO DO ATIVISMO *WOKE*

1. Tradução livre. Original disponível em: Como evoluiu o significado da palavra "*woke*"? (economist.com) (Acesso em 10/04/23).
2. Em língua inglesa, é possível encontrar o termo *wokeness*.
3. 2018, p. 14.
4. Tradução livre. https://compactmag.com/article/the-end-of-millennial-marxism (Acesso em 21/09/22).
5. Referência: https://www1.folha.uol.com.br/poder/2022/10/guerra-santa-no-brasil-de-santa-nao-tem-nada-e-disputa-de-poder-diz-promotora.shtml (Acesso em 25/10/22).
6. Referência: https://www.economist.com/leaders/2021/09/04/the-threat-from-the-illiberal-left (Acesso em 25/10/22).
7. Ver: https://www.merriam-webster.com/dictionary/cancel%20culture (Acesso em 03/10/22).
8. TEIXEIRA, 2020.
9. 2017.
10. Os autores são citados na apresentação do dossiê da Revista *Cult* - edição nº 258 (p. 15).
11. 2020, p. 16-17.
12. 2020.
13. 2020, p. 19.
14. MAULTASCH, 2022.
15. RANGEL, 2022.
16. *Ibidem*, p. 21
17. *Ibidem*, p. 22
18. AVELAR, 2022, p. 40
19. KREEFT, 2023, p. 48.
20. *Ibidem*, p. 51
21. Artigo publicado no Jornal *O Globo* intitulado: Conselho de Educação quer banir livro de Monteiro Lobato das escolas.

22. Artigo publicado no Jornal *The Guardian* intitulado: *Shakespeare, universal? No, it's cultural imperialism*.
23. Artigo publicado no Jornal *The Guardian* intitulado: *UK's 'strictest headmistress' fears schools will stop teaching Shakespeare*.
24. Artigo publicado no Jornal *The Telegraph* intitulado: *War on woke: ministers to get powers to protect controversial statues*.
25. Artigo publicado na *Sky News* intitulado: *George Floyd protests: Activists draw up hit list of UK statues they want removed*.
26. 2018, p. 198.
27. Publicado pela *FoxNews* sob o título *White House says 'trans community' is 'under attack' after Nashville shooting*.
28. Publicado pela *ABC News* sob o título *Anti-transgender sentiment follows Nashville shooting*.
29. Publicado pelo *Independent* sob o título *We must reject the transphobic narrative around Nashville*.
30. Publicado pelo *The Guardian* sob o título *'Desperate and bigoted': US right uses latest shooting to malign trans people*.
31. p. 112, grifos nossos.
32. 2022.
33. AKOTIRENE, 2020, p. 23, grifos nossos.
34. Publicado pela *FoxNews* intitulado: *Anne Hathaway tells 'The View' that 'abortion can be another word for mercy'*.
35. 2021.
36. 2021, p. 261.
37. Referência: (1) Facebook (Acesso em 20/10/22).
38. Disponível em: https://extra.globo.com/tv-e-lazer/quadro-da-monalisa-atacado-com-torta-no-louvre-relembre-tentativas-de-depredacao-25519742.html (Acesso em 17/04/24).
39. Disponível em: https://www.uol.com.br/splash/noticias/2022/05/24/comentarista-globonews-termo-denegrir.htm (Acesso em 17/04/24).
40. Referência: Minha Biblioteca Católica (@minhabibliotecacatolica) • Fotos e vídeos do Instagram (Acesso em 23/12/23).
41. 1963.
42. 2022, p. 103.
43. A atribuição de autoria não está clara, muitos apontam para o ex-professor de Ciências Políticas da Universidade de Colúmbia, Wallace Sayre, que teria publicado essas palavras em 1973, e dito informalmente expressões semelhantes em 1950. A frase foi publicada no texto *Politics and People*, de Alan L. Otten, no *Wall Street Journal*, em 1973.
44. Krakauer, 1991.
45. Dados do relatório completo podem ser acessados em: https://www.ons.gov.uk/releases/ethnicgroupnationalidentitylanguageandreligioncensus2021inenglandandwales.
46. 1983.
47. Publicado no Jornal *The Telegraph* intitulado: *Exposed: The charity you've never heard of turning UK universities woke*.

48. Publicado na *BBC News* intitulado: *Kathleen Stock: Protests at Oxford Union as talk goes ahead.*
49. PACHE, 2022.
50. Publicada no site *G1* intitulada: *Professora acusada de transfobia contra aluna na Bahia diz ser alvo de calúnia e difamação; áudio revela discussão.*
51. Publicado no jornal *The Telegraph* intitulado *The double-think of the woke elite blinds them to their own ridiculousness.*
52. Publicado no jornal *The Washington Post* intitulado *Now right-wing, anti-'woke' double-think has come for George Orwel.*
53. Gabay, Hameiri, Rubel-Lifschitz, Nadler, 2020.
54. 2003, p. 74
55. 2003, p. 78, tradução nossa.
56. 2021.
57. p. 34.
58. Disponível em: https://www.foxnews.com/us/dean-fired-after-saying-black-lives--matter-but-also-everyones-life-matters-in-email (Acesso em 17/04/24).
59. Referência: *Inside Tabia Lee's firing as De Anza College's diversity director* (sfchronicle.com) (Acesso em 23/12/23).
60. Disponível em: Arthur Machado (@arthurmachado.sp) • Fotos e vídeos do Instagram (Acesso em 10/10/22).
61. 1993.

CAPÍTULO 3 — INFILTRAÇÃO DAS IDEIAS *WOKE* EM DIFERENTES MOVIMENTOS SOCIAIS: CORRUPÇÃO E PERVERSÃO

1. 2022.
2. p. 52.
3. 2022, p. 15-18.
4. "O conhecimento, portanto, é político e politizável, é ferramenta de dominação que reflete a parcialidade e os interesses de quem o gerou." (GOMES, 2022, p. 74).
5. 2022, p. 90.
6. Referência: "O que me interessa cada vez mais é como africanizar o cristianismo", diz Chimamanda Adichie (youtube.com) (Acesso em 06/01/24).
7. Referência: 50% dos brasileiros são católicos, 31%, evangélicos e 10% não têm religião, diz Datafolha | Política | G1 (globo.com) (Acesso em 06/01/24).
8. Referência: 2023 Census, Omission of Religion Question and Suppression of Irreligion in Nigeria (humanists.international) (Acesso em 06/01/24).
9. Referência: Nigeria Religious Records • FamilySearch (Acesso em 06/01/24).
10. 2023, p. 33.
11. 2022, p. 106-107, grifo nosso.
12. MARTINEZ, 2022, p. 303.
13. Thomas competiu como membro da equipe masculina entre 2018 e 2019 e ficou em 554º lugar nos 200 m livres, 65º nos 500 m livres e 32º nos 1650 m livres. Com o fim de sua carreira na Universidade da Pensilvânia, ela passou para quinto, primeiro e

oitavo nesses respectivos eventos no *deck* feminino. Referência: Um olhar sobre os números e os tempos: Não há como negar as vantagens de Lia Thomas (swimmingworldmagazine.com) (Acesso em 05/01/24).
14. GROVE,2023, p. 51.
15. NASCIMENTO, 2021, p. 43.
16. Em sua coluna na *Folha de S.Paulo*, Djamila afirmou: "Nós, mulheres, não somos 'apenas pessoas que menstruam'." Referência: Nós, mulheres, não somos apenas 'pessoas que menstruam' - 01/12/2022 - Djamila Ribeiro - Folha (uol.com.br) (Acesso em 02/01/24).
17. Chimamanda disse numa entrevista: "Eu disse, numa entrevista, que mulheres trans são mulheres trans, são pessoas que, tendo nascido homens, beneficiaram-se dos privilégios que o mundo dá ao universo masculino, e que não deveríamos dizer que a experiência de mulheres é a mesma das trans." Isso foi o suficiente para ela ser chamada de transfóbica. Referência: Chimamanda Adichie sobre polêmica com transgêneros: 'Não tenho por que pedir desculpas' - Jornal *O Globo* (Acesso em 02/01/24).
18. O Ibrat (Instituto Brasileiro de Transmasculinidades) e outras entidades exigiram que Djamila Ribeiro fizesse uma retratação pública. A filósofa negou o pedido. Referência: 'Pessoas que menstruam': entidade repudia texto de Djamila Ribeiro (adiadorim.org) (Acesso em 02/01/24).
19. Numa carta de três partes, Chimamanda expõe como foi perseguida por uma estudante não binária em Lagos, Nigéria, que a acusou de transfóbica. Também expõe que foi ameaçada por ativistas do Twitter, que desejavam "pegar facões e atacá-la". Referência: É OBSCENO: UMA VERDADEIRA REFLEXÃO EM TRÊS PARTES - Chimamanda Ngozi Adichie (Acesso em 02/01/24).
20. Referência: Chimamanda Adichie sobre polêmica com transgêneros: 'Não tenho por que pedir desculpas' - Jornal *O Globo* (Acesso em 02/01/24).
21. p. 55.
22. p. 51.
23. Disponível em: 38% das mulheres brasileiras se consideram feministas - 15/04/2019 - Opinião Pública - Datafolha (uol.com.br) (Acesso em 09/07/22).
24. Disponível em: 'Feminismo não pode ser lugar de mulheres com ódio de homem', diz Camille Paglia | Especial Focas Estadão (estadao.com.br) (Acesso em 27/10/23).
25. Leinung e Joseph, 2020; Aitken at al, 2015; Zucker, 2017; Steensma e Zucker, 2018, Kaltiala-Heino, Sumia, Työläjärvi, Lindberg, 2015.
26. SBU, 2019.
27. 2012.
28. 2003.
29. Biggs, 2022; Abbruzzese, Levine, Mason, 2023.
30. Publicado pela empresa, cujo título é: *Leonardo DiCaprio joins the Beyond the Meat Family*.
31. Publicada no site Vegan Kind, cujo título é: *Meghan Markle Invested In Vegan Coffee Startup Clevr Blends*.
32. Publicada pela CNN *Business*, cujo título é: *Serena Williams, Jay-Z and Katy Perry are investing in Impossible Foods*.

CAPÍTULO 4 — TEORIA VERSUS ATIVISMO: É POSSÍVEL ENCAPSULAR O WOKEÍSMO?

1. Referência: Drag Rita von Hunty gera polêmica em evento sobre mulheres - 03/03/2023 - Celebridades - F5 (uol.com.br) (Acesso em 05/01/24).
2. RANGEL, 2022, p. 44-45.
3. *Ibidem*, p. 26.
4. *Ibidem*, p. 31.
5. A jornalista Florence Read faz essa afirmação ao entrevistar Žižek: (1) Slavoj Žižek: *We are addicted to chaos* - YouTube (Acesso em 07/01/24).
6. 1994, p. 75.
7. 1994, p. 75.
8. Referência: *Slavoj Žižek presents: 'Unholy Alliances: Woke Pseudo-Left versus Alt-Right'* (youtube.com) (Acesso em 06/01/24).
9. Referência: (1) *Slavoj Žižek: We are addicted to chaos* - YouTube (Acesso em 07/01/24).
10. 2023, p. 18-19.
11. Referência: https://www.foxnews.com/world/marxist-professor-taken-down-by-woke-mob-warns-identity-politics-a-diversion-from-economic-problems (Acesso em 16/08/22).
12. Referência: https://www.nytimes.com/2022/03/22/arts/compact-magazine-conservatives-marxists.html (Acesso em 16/08/22).
13. Tradução livre: https://compactmag.com/article/the-end-of-millennial-marxism (Acesso em 21/09/22).
14. PLUCKROSE; LINDSAY, 2022, p.97.
15. Trechos extraídos de: Adolph Reed Jr.: Os perigos do reducionismo racial - *JSTOR Daily* (Acesso em 07/01/24).
16. Trechos extraídos de: Adolph Reed Jr.: Os perigos do reducionismo racial - *JSTOR Daily* (Acesso em 07/01/24).
17. Referência: Um estudioso marxista negro queria falar sobre raça. Acendeu uma fúria. — *The New York Times* (nytimes.com) (Acesso em 07/01/2024).
18. 2021, p. 27.
19. 2021. P. 31.
20. Referência: Um estudioso marxista negro queria falar sobre raça. Acendeu uma fúria. — *The New York Times* (nytimes.com) (Acesso em 07/01/2024).
21. Referência: Um estudioso marxista negro queria falar sobre raça. Acendeu uma fúria. — *The New York Times* (nytimes.com) (Acesso em 07/01/2024).
22. 2020, p. 24.
23. 2022, p. 346.
24. Tradução livre. Disponível em: *Opposing Liberal Intolerance* | Compact Mag (Acesso em 02/08/22).

**ASSINE NOSSA NEWSLETTER E RECEBA
INFORMAÇÕES DE TODOS OS LANÇAMENTOS**

www.faroeditorial.com.br

CAMPANHA

Há um grande número de pessoas vivendo com HIV e hepatites virais que não se trata. Gratuito e sigiloso, fazer o teste de HIV e hepatite é mais rápido do que ler um livro.

FAÇA O TESTE. NÃO FIQUE NA DÚVIDA!

ESTA OBRA FOI
IMPRESSA EM JANEIRO
DE 2025